중학생이 되기전에 꼭 알아야할 **농양 철학자 18명**의 이야기

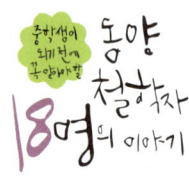

1판 1쇄 발행 | 2011년 7월 1일
1판 4쇄 발행 | 2016년 6월 30일   **제조연월** | 2016년 6월

글 | 이종란
그림 | 장혜원
펴낸이 | 윤상열
기획 및 편집 | 윤인숙 김사랑
디자인 | 디자인스퀘어 어소시에이츠
마케팅 | 윤선미
관리 | 박은성
펴낸곳 | 도서출판 그린북
출판등록 | 1995년 1월 4일(제10-1086호)
주소 | 서울시 마포구 방울내로 11길 23 302호(망원동 두영빌딩)
전화 | 02-323-8030~1   **팩스** | 02-323-8797
블로그 | http://GREENBOOK.kr
이메일 | gbook01@naver.com

글 ⓒ 이종란 2011
이 책의 저작권은 저자와 출판사에 있습니다. 서면에 의한 저자와 출판사의 허락없이 내용의 일부를 인용하거나 발췌하는 것을 금합니다.

ISBN 978-89-5588-225-4 74900
ISBN 978-89-5588-220-9 (세트)

＊잘못된 책은 구입하신 곳에서 바꿔 드립니다.

＊이 도서의 국립중앙도서관 출판시도서목록(CIP)은 e-CIP홈페이지(http://www.nl.go.kr/ecip)와 국가자료
  공동목록시스템(http://www.nl.go.kr/kolisnet)에서 이용하실 수 있습니다. (CIP제어번호:2011002568)

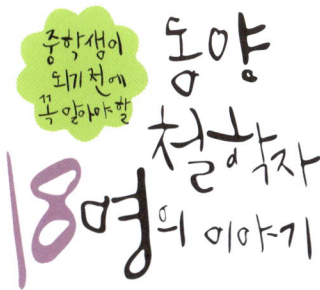

중학생이 외기 전에 꼭 알아야 할 동양 철학자 18명의 이야기

글 이종란 그림 장혜원

그린·북

차례

 **01 공자**
혼란한 세상을 어떻게 바로잡을까?   8

 **02 노자**
어지러운 세상에서 어떻게 살아갈까?   18

 **03 맹자**
올바른 정치란 무엇인가?   28

 **04 장자**
어떻게 하면 자유로울 수 있을까?   38

 **05 원효**
모든 사람이 부처가 될 수 있을까?   48

 **06 지눌**
갑자기 깨닫기만 한다고 부처가 되는가?   58

 **07 주희**
사람은 어떻게 하면 착해질 수 있을까?   68

 **08 왕수인**
누구나 성인이 될 수 있을까?   78

 **09 서경덕**
종달새는 왜 점점 높이 날아오를까?   88

10 이황
어떻게 하면 도덕적인 인간이 될 수 있을까?   98

11 조식
진정한 선비의 길은 무엇인가?   108

12 정약용
어떻게 하면 백성들이 잘 살 수 있을까?   118

13 최한기
참다운 학문이란 무엇인가?   128

14 최제우
모두가 평등한 새 세상은 어디에 있을까?   138

15 후쿠자와 유키치
어떻게 문명국이 될 수 있는가?   148

16 곽종석
망해 가는 나라를 위해 무엇을 할 수 있을까?   158

17 마하트마 간디
참으로 이기는 방법은 무엇인가?   168

18 호치민
민족의 해방과 통일을 어떻게 이룰 것인가?   178

글쓴이의 말   188
동양 철학사 인물 연표   190

여러분들도 삶의
지혜로운 나침반을
발견하고 싶다고요?
그럼, 이제 18명의
동양 철학자들을
만나러 떠나 보아요!

01 혼란한 세상을 어떻게 바로잡을까?

공자 (孔子) : 기원전 551년~기원전 479년
중국 고대의 춘추 시대에 살았던 사상가이다. 산둥 성의 취푸에서 태어났으며, 유교라는 가르침을 세웠다. 일생 동안 학문의 길을 걸으면서 배움과 실천을 중시했다.

아주 오랜 옛날이었어. 조용하던 마을에 갑자기 어디선가 외치는 소리가 들렸어.

"불이야, 불! 불이 났어요!"

사람들이 화들짝 놀라서 뛰어나와 보니, 마구간이 불타고 있었어. 그곳에는 나라의 관리가 타는 수레를 끄는 값 비싼 말이 있었어. 관리가 무척 아끼는 말이었지. 주위 사람들은 그 말이 다칠까 봐 열심히 불을 껐어.

얼마 후 관리가 관청에서 돌아왔어. 그런데 관리는 대뜸 이렇게 묻는 거야.

"다친 사람은 없느냐?"

마구간에 불이 났으니, 말이 어떻게 되었느냐고 물을 줄 알았던 사람들은 어리둥절해했지.

자신의 말보다 사람을 먼저 걱정한 이 관리가 바로 공자야. 공자는 중국 **춘추 시대*** 노나라의 사람이야. 말을 무척이나 아꼈던 공자이기에 사람들은 공자가 말을 걱정할

공자 왈,
"자기 자신을 이기고
예법으로 돌아오는 것이
인(仁)이니라."

> **춘추 시대**
> 춘추 시대란 공자가 엮은 노나라 역사 책인 《춘추》라는 책 이름에서 유래한 말로, 기원전 770년에서 기원전 403년까지의 시기를 말해.
> 그 이후 진나라가 천하를 통일한 기원전 221년까지를 전국 시대라고 하는데, 두 시대를 합쳐 춘추 전국 시대라고 부르기도 해.

줄 알았지만 막상 공자는 말보다 사람을 더 걱정했지. 이 일화는 바로 공자의 가르침과 깊은 관계가 있단다.

세상에서 공부가 제일 좋아!

공자는 몰락한 귀족 출신으로 가난한 생활 속에서도 스승 없이 혼자서 공부했어. 열다섯 살에 학문에 뜻을 두어 30대에 훌륭한 스승으로 이름을 날리기 시작했어. 평생 가르친 제자들이 무려 3천 명이나 되었다고 해. 과장이 좀 있을지 모르지만 하여튼 대단한 일이지.

공자는 배우는 것을 얼마나 좋아했는지, 공자가 제자들과 주고받았던 말이나 행동을 엮은 《논어》라는 책의 첫머리에서 이렇게 말해.

"배우고 그것을 때때로 익히면 또한 기쁘지 아니한가."

또 공자는 배우는 일에 자부심이 많아서 제자들에게 이렇게 말하기도 했지.

"열심히 배우려고 노력하는 사람으로 아마 내가 우리 동네에서 최고일 것이다."

이렇게 배움을 좋아한 공자는 제자들에게도 부지런히 배울 것을 강조했어. 얼마나 배우는 것을 중요하게 여겼는지 이런 일화도 있지.

하루는 재아라는 제자가 낮잠을 자고 있었어.

그런데 그만 낮잠 자는 것을 공자에게 들키고 말았지. 그 모습을 본 공자는 대뜸 고래고래 소리를 질렀어.

"썩은 나무로는 조각할 수 없고, 더러운 흙은 벽에 바를 수 없다. 너처럼 게으른 자를 무슨 말로 꾸짖겠느냐!"

공자는 이렇게 공부를 게을리하는 제자에게 쓸모없는 인간이라며 인격 모독에 가까운 악담을 하곤 했단다.

요즘 선생님들은 수업 시간에 조는 학생들에게 뭐라고 말하는지 궁금해. 분명 공자가 한 말보다는 심하지 않을 거야. 인류의 위대한 스승인 공자이지만 제자가 공부를 게을리하고 그저 낮잠만 자는 것이 못마땅했던 것이지. 얼마나 공부하기를 강조했는지 알 수 있겠지? 공자는 이렇게 평생을 공부에 매진했어.

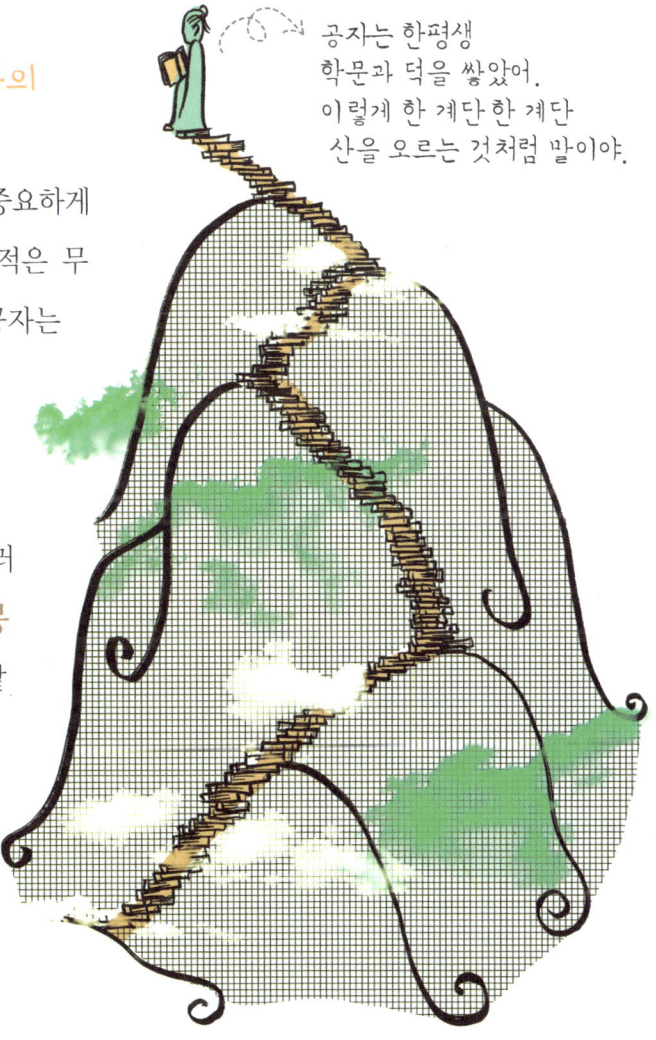

공자는 한평생 학문과 덕을 쌓았어. 이렇게 한 계단 한 계단 산을 오르는 것처럼 말이야.

천하를 다스리던 주나라의 예법으로 돌아가자!

이처럼 공자는 배우는 것을 중요하게 생각했어. 그렇다면 배움의 목적은 무엇이었을까? 어떤 배경에서 공자는 자신의 가르침을 세웠을까?

공자가 살았던 춘추 시대는 천하를 다스리던 주나라의 예법이 무너지면서 매우 혼란스러웠어. 그 예법이란 **주나라의 봉건 제도***를 유지하는 질서와 같은 것이지.

춘추 시대는 청동기에 뒤이어 철기가 많이 사용된 시기였어. 그로 인해 각종 농기구도 점점 발달하여 농

> **주나라의 봉건 제도**
>
> 중국의 봉건 제도란 주나라 땅의 중앙을 천자라는 임금이 다스리고, 그 주위의 땅을 제후라는 왕들에게 나누어 주고서 다스리게 하는 제도야. 그리고 제후도 자기 땅을 대부(경)들에게 나누어 주고, 대부(경)는 또 사(士)들에게 나누어 주고 다스리게 했지. 따라서 당시에 천자·제후·대부(경)·사·서민의 등급에 따라 지켜야 할 것이 예법으로 정해져 있었어. 봉건 제도는 이같이 그 당시 사회의 질서를 유지하는 역할을 했어.

업이 활성화되었지. 그래서 땅이 많은 제후나 대부들이 부유해졌어. 그러면서 자기보다 높은 지위에 있는 천자나 제후를 넘보거나 깔보았지. 대부들이 예법을 무시하고 제후 행세를 하거나, 제후들이 예법을 무시하고 천자 행세를 하는 일들이 종종 일어났어. 어떤 자들은 아버지나 형을 죽이고 그 자리를 빼앗는 사람들도 있었어. 이렇게 못할 짓을 하는 사람들이 점점 늘어났어. 그러니 세상은 질서없이 혼란스러워졌어.

그래서 공자는 이렇게 말했어.

"아침에 세상이 바로잡혔다는 소식을 들으면 저녁에 죽어도 좋다."

공자에게 당장 죽어도 여한이 없을 만큼 절실한 것은 바로 세상이 바로잡히는 일이었던 거지. 그래서 '세상을 어떻게 바로잡을 수 있을까?' 하는 것이 공자가 자신에게 던진 질문이자 풀어야 할 과제였단다.

세상을 바로잡는 방법이란 뭘까?

공자가 말하고자 한 가르침의 핵심이 잘 드러나는 일화를 들려줄게.

어느 날, 공자가 제자들과 함께 여행을 하다가 커다란 강을 만났어.

제자 자로가 밭을 갈고 있던 장저와 걸닉이라는 두 농부에게 다가가 강을 건널 수 있는 나루터가 어디에 있는지 물었지. 장저가 입을 떼고 자로에게 말했어.

"저기 수레에 점잖게 앉아 고삐를 쥐고 있는 사람이 누구시오?"

"공구(공자의 원래 이름)이십니다."

"노나라 공구 말이오?"

"예, 그렇습니다."

"정말 공구라면 나루터 가는 길 정도는 알고 있을 텐데?"

장저는 이렇게 말하고 제 할 일만 했지. 답답해진 자로가 이번에는 걸닉에게 물었어. 그러자 걸닉도 장저처럼 나루터를 가르쳐 주지 않고 오히려 자로에게 되물었어.

"온 세상이 홍수처럼 거세게 흘러가는데, 어느 누가 감히 고칠 수 있단 말인가? 그러니 자네도 공구 같은 사람을 따라다니지 말고, 어지러운 세상을 피해 우리와 함께 자연 속에서 사는 게 어떤가?"

자로가 돌아와 공자에게 있었던 일을 전하자, 공자는 탄식하며 말했어.

"새나 짐승들과 함께 자연 속에 숨어서 살 수는 없지 않겠나? 내가 세상 사람들과 함께 살지 않으면 누구와 함께 살겠는가? 온 세상에 질서가 바로잡혀 있다면 내가 구태여 바꾸려고 힘쓰지 않을 게다."

'새나 짐승과 함께 살 수 없다.'는 말은 세상 일에 관심 없는 자들을 빗댄 말이야. 공자의 관심은 인간 세상에 있었지. 인간을 통하여 세상을 바로잡아 보고자 한 것이야. 다시 말해 사람과 사람 사이의 올바른 관계를 통해 도덕을 세우는 것이 공자의 주요한 가르침이야. 그것을 공

공자와 그 후손이 사용했다고 전해지는 우물이야! 중국 취푸에 있어.

자는 '인(仁)'이라 불렀어. 그런데 《논어》에 인이 106번이나 등장하지만, 정작 인이 무엇이라고 말하기는 쉽지 않아. 공자 자신도 제자에게 인이 어떤 것이라고 딱 잘라서 말한 적이 없어. 질문을 한 제자의 수준에 따라 다르게 설명했지.

인은 우리말로 '어질다.'라고 풀이하는데, 이 말도 어렵기는 마찬가지야. 좀 더 쉽게 풀이하면 '착하다.' 또는 '사람답다.'는 뜻이야.

그래서 《논어》에 나오는 인의 공통점을 찾아보면, 결국 예법에 맞게 다른 사람을 아껴주고 사랑하는 것이라고 할 수 있어. 가까이는 부모, 형제, 친척에서부터 이웃, 마을 사람들, 그리고 세상 사람으로 사랑을 점점 넓혀 가는 것이지.

그래서 공자는 젊은 사람들에게 항상 이렇게 가르쳤단다.

중국 국가 박물관 광장에 있는 9.5m 크기의 공자상. 중국인들이 공자를 얼마나 중요한 인물로 여기는지를 알 수 있지.

"집에서는 부모님께 효도하고,
밖에 나가서는 어른을 공경하며,
몸가짐이나 말을 조심하여 믿음직하게 행동하고,
널리 사람들을 사랑하되 특별히 사람다운 사람을 가까이 해야 한다.
그리고 나서 힘이 남아돌면 글공부를 통해 지식을 쌓아야 한다."

부모님께 효도하고 어른을 공경하는 어진 사람은 윗사람을 밀쳐 내고 그 자리를 차지하지는 않을 거야. 그런 사람은 다른 사람도 해치지 않아. 왕이 사람을 사랑한다면 백성들을 전쟁에 내몰지도 않겠지. 사람이 사람을 사랑한다면 세상이 어지러울 일도 없을 거야.

공자는 이렇게 인을 실천하면 혼란한 세상이 바로잡힌다고 믿었어. 그러고는 이런 큰 뜻을 펼치기 위해 여러 나라를 돌아다니며 인을 가르쳤지만 꿈을 이루지는 못했어. 당시 왕들은 '올바른 길'보다는 나라를 부유하게 만드는 걸 더 중요하게 생각했거든. 말년에는 고국인 노나라에 돌아와 책을 만들면서 제자들을 가르쳤어.

공자의 가르침은 이후 동아시아 역사에 큰 영향을 미쳐. 중국만이 아니라 우리나라에서도 공자의 가르침을 크게 받들었지. 공자의 가르침을 유교, 공자가 가르친 학문을 유학, 공자의 가르침을 연구하는 사람을 유학자라고 해.

오늘날 사람들 가운데에는 돈을 벌거나 출세하기 위하여 사람을 함부로 대하는 이들이 있어. 무엇보다 먼저 이들이 공자의 가르침대로 어진 사람이 된다면, 세상은 참으로 아름답게 변하지 않을까?

공자랑 쑥덕쑥덕

공자님, 공부만 잘하면 어진 사람이 될 수 있나요?

책을 읽고 문제를 푸는 식의 공부만으로는 어진 사람이 될 수 없어요. 참된 공부란 부모님께 효도하고 윗사람을 공경하며 착한 사람을 가까이 하고 남을 배려하며 사랑하는 것이에요. 글공부는 그러고서 시간이 남으면 하는 것이지요. 어진 사람은 항상 무엇이 옳은지 살펴 행동해요. 남과 잘 어울리지만 남과 똑같아지려고 하지는 않아요. 반면에 어질지 못한 사람은 무엇이 나에게 이로운지 해로운지를 기준으로 행동해요. 그리고 남과 똑같아지려고 하면서 남과 어울리지도 못해요. 그러니 자신의 이익만 따져 공부하지요.

책 한 권 으로 공자 읽기

《논어》

學而時習之 不亦說乎
학이시습지 불역열호
배우고 그것을 때때로 익히면,
또한 기쁘지 아니한가.

《논어》 첫 편인 〈학이〉 편의 첫 장에 나오는 말로, 배운 것을 실천하는 기쁨을 나타낸 것이에요. 다시 말해 "배우고 그것을 때때로 실천하니 기쁘지 않은가?" 라는 뜻이지요. 배운 것을 일상에서 실천하지 않으면 아무런 의미가 없답니다.

《논어》는 공자와 그 제자들의 말과 행동을 엮은 것으로, '의논하여 편찬된 책'이란 뜻이에요. 유교 경전의 다른 세 책인 《대학》, 《맹자》, 《중용》과 함께 사서(四書)라고 부른답니다. 누가 썼는지는 확실하게 알려져 있지 않지만, 공자의 제자들이 같이 만든 것으로 알려져 있어요. 현재 우리가 알고 있는 책은 〈학이〉 편에서 〈요왈〉 편까지 20편으로 구성되어 있으며 각 편에 있는 말을 따서 그 편의 이름을 붙였어요.

《논어》에는 사람다움이 어떤 것인지 각 질문자의 입장에 따라 다르게 나타나 있는데, 그것을 통틀어 인(仁)이라고 불러요. 그리고 그 인을 실천하는 방법인 예(禮)와 그 외 학문과 덕행 등을 주제로 인생의 교훈이 되는 말들이 기록되어 있어요.

《논어》는 《효경》과 더불어 한나라 이후에 지식인의 필독서로 꼽혀 많이 읽혔어요. 우리나라에는 삼국 시대에 전해졌으며 조선 시대에는 송나라 주희가 쉽게 풀어쓴 《논어집주》가 널리 보급되었답니다.

 으로 한눈에 공자 보기

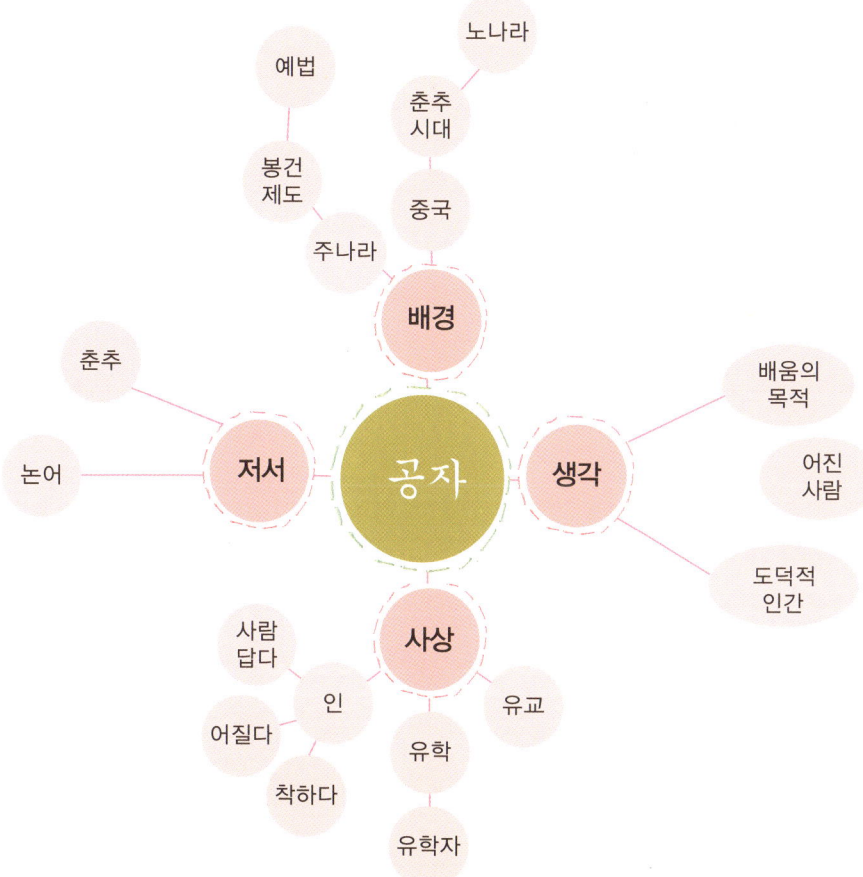

공자의 사상이 나오게 된 배경은 무엇인가요?

공자의 사상이 나오게 된 배경은 중국 역사에서 주나라 봉건 제도가 무너지는 춘추 시대의 사회적인 상황과 관계가 있어요. 주나라는 봉건 제도라는 신분제에 의하여 사회 질서를 유지했는데 그 제도가 무너지면서 사회적으로 혼란스러워졌지요. 그래서 도덕과 윤리가 예전 같지 못했어요. 이러한 배경에서 공자는 예법을 회복하기 위하여 어진 사람이 되어야 한다고 가르쳤어요.

02 어지러운 세상에서 어떻게 살아갈까?

노자 (老子) : ?~?
중국 춘추 전국 시대(기원전 770년~기원전 221년)에 활약한 제자백가 중 도가의 창시자이다. 인위적인 것을 버리고 자연법칙에 따라 행동해야 한다는 '무위자연'을 주장했다.

한 늙은 어부의 이웃에 공부만 하는 청년이 살았어. 하루는 어부가 물었지.

"이보게, 자네는 그렇게 열심히 공부해서 무엇하려고 그러나?"

"네. 일류 대학에 들어가서 좋은 직장에 취직하려고요."

"취직을 해서 뭐하려고?"

"그야 돈을 벌어야지요."

"돈을 벌어서 무엇하노?"

"그야 물론 결혼도 하고, 집도 사고, 그리고 주식에 투자해서 큰돈을 벌어야죠."

"주식에 투자해서 돈을 더 많이 벌면 뭐할 건데?"

"바닷가에 집도 짓고, 보트도 사서 낚시나 하면서 즐기고 살면 좋잖아요?"

"그렇게 힘들게 공부해서 하는 일이 고작 그것인가? 나는 힘들게 공부하지 않아도 결혼도 하고, 바닷가 별장 같은 집에서 내 작은 배를 타고 낚시하며 사는데."

"……."

노자 왈,
"도(道)는 스스로 그러한 것을 본받는다."

> **제자백가**
> 중국 춘추 전국 시대에 활약한 학자와 학파를 일컫는 말이야. '제자'란 여러 학자라는 뜻이고, '백가'란 수많은 학파들을 뜻하는 말이지. 대표적으로 유가의 공자와 맹자, 도가에는 노자와 장자 등이 있어.

이야기의 청년처럼 애써 고생할 필요 없이, 어부처럼 생각을 바꾸고 산다면 어떨까? 좀 더 마음 편히 살 수 있지 않을까?

그 아득한 옛날 문명 생활을 거부하며, 자연 속에서 욕심 없이 사는 삶을 주장한 사람이 있었어. 그 사람이 바로 노자야.

노자는 공자와 같은 시기에 살았거나 그보다 약간 앞서거나 혹은 지난 시대에 살았다고 전해지는 인물이야. 노자는 전설적 인물이라 알려진 것이 별로 없어. 단지 춘추 전국 시대에 살았고 **제자백가*** 가운데 도가의 창시자라는 것, 그리고 노자가 썼다는 《도덕경》이란 책이 전해져 오고 있다는 정도야.

노자도 공자와 마찬가지로 춘추 전국 시대의 혼란한 세상을 안타까워 하며 자기 생각을 펼쳤어. 그러나 노자의 생각은 공자와 달랐어. 공자가 주장하는 '도덕'과 노자의 사상과는 큰 차이가 있었지. 그걸 잘 말해 주는 일화가 있으니 한번 들어 보렴.

어떤 정치가가 산골에 숨어 사는 친구에게 와서 말했어.

"산골에 처박혀 살기엔 자네 능력이 아깝네. 나와 함께 정치를 통해 세상을 올바르게 바로잡아 보지 않겠나?"

그러자 그 산골에 사는 친구가 말했어.

"무슨 소린가? 모기가 피를 빨려고 덤비면 밤새도록 잠을 이룰 수가 없지. 지금 자네들처럼 도덕을 외치며 정치랍시고 하는 일은 오히려 인심을 어지럽히고, 사람들에게 혼란만을 더할 뿐이네."

"자네, 시골에 있다 보니 세상 돌아가는 것을 잘 모르는군. 정치란 국민들을 편안히 잘 살게 해 주는 일일세."

"아닐세. 백조는 매일 목욕하지 않아도 늘 희고, 까마귀는 매일 검은 물을 들이지 않아도 검지. 해와 달은 스스로 빛나고, 별은 저절로 반짝이지. 인간과 만물은 자연의 질서에 따라 내버려 두면 다 잘 돌아가게 되어 있어. 거기에 무슨 말이 필요한가? 다 자네처럼 요란 떠는 사람들 때문에 혼란만 생기지."

그러자 정치가는 아무 말도 못 하고 되돌아갔어.

노자는 욕심을 버리고 자연 상태로 돌아가라고 했어. 그것이 자연의 질서에 따라 물 흐르듯 잘 살 수 있는 길이라고 생각했지.

> **무위자연**
> 노자의 핵심 사상으로, 억지로 하지 않고 자연스러움을 따라야 한다는 것이야. 사람의 힘으로 인간 세상을 의도적으로 바꾸려 하는 공자의 핵심 사상과 반대되는 개념이라고 할 수 있지.

산골에 사는 사람이 자신을 찾아온 정치가 친구를 비판한 논리는 공자의 사상과 많이 달라. 도덕적인 정치를 한다고 세상을 바로잡을 수 있는 게 아니라 오히려 세상을 혼란스럽게 한다는 것이지.

잘 살 수 있는 길은 요란스런 도덕이나 정치에 있는 것이 아니라, 백조가 희고, 까마귀가 검듯 자연의 질서에 따라 물 흐르듯 사는 데 있다고 보았지.

노자 사상은 한마디로 무위자연*이라고 할 수 있어. 바로 이 논리는 노자가 공자 학파를 비판하는 가장 핵심적인 내용이야. 노자는 공자 학파가 '인'과 '의'라는 도덕을 가지고 세상을 바로잡고자 하는 것이 오히려 세상을 더 혼란스럽게 한다고 보았어. 공자의 가르침은 있는 그대로의 자연스러운 삶의 모습을 강조한 노자의 사상과는 거리가 있다고 생각했던 거지.

노자는 인간들이 만물의 자연스러운 질서를 버리고 매사를 인간의 입장에서 억지로 하기 때문에, 세상이 혼란스러워진다고 보았어. 그래서 노자는 있는 그대로의 진리를 찾아 그것을 따라야만 비로소 올바른 삶이 된다는 주장을 폈지.

도란 도대체 무엇일까?

그렇다면 노자는 어떤 진리를 발견했을까? 노자는 진리를 '도(道)'라고 불렀어. 도대체 도가 무엇이냐고? 다음 이야기 속에서 그 궁금증을 풀 수 있을 거야.

어떤 중년의 남자가 있었어. 그 남자는 좀 무뚝뚝한 구석이 있지만, 어린 조카들만은 잘 데리고 놀았지.

어느 날, 남자는 조카들을 데리고 백화점에 갔어. 백화점 안 매장에 들어서자마자 점원이 공손하게 허리를 굽혀 인사하며 말했지.

"아버님, 어서 오십시오. 무엇을 도와 드릴까요?"

그러자 남자는 화를 버럭 냈어.

"뭐 이런 데가 다 있어? 나보고 아버님이라고?"

이렇게 퉁명스럽게 말을 쏟아붙이고, 투덜대며 백화점을 나와 버렸어.

사실 이 남자는 아직 결혼하지 않은 노총각이었거든.

요즘 중년에 해당하는 사람들이 물건을 사러 시장이나 백화점에 가면, 젊은 종업원으로부터 '아버님' 또는 '어머님'이라는 말을 자주 들어. 이야기에 나오는 남자는 '아버님'이라고 부르는 말에 화가 난 거야. 보통 누가 어떤 사람에게 '아버님'이라고 부른다면, 그 사람은 결혼을 했고 누구누구의 아버지라는 뜻이 포함되어 있잖아? 이야기 속의 남자는 결혼을 하지 않았는데도, 종업원이 자신을 '아버님'이라고 부름으로 인해 사실과는 다르게 말한 것에 화가 난 거야.

똑같은 방식으로 노자도 진리라는 도에 이름을 붙이면 그것은 더 이상 도가 아니라고 생각했어. 왜냐하면 도는 볼 수도 만질 수도 없기 때문이지. 그래도 굳이 이름을 붙여야 한다면 무(無, 없음)나 허(虛, 텅 비어 있음)로 표현할 수 있다고 했어. 도를 지금에 맞게 설명한다면 우주·자연의 원리 정도로 말할 수 있어. 노자가 이렇게 주장한 이유는 사람들이 자신의 주장이나 생각을 '도'라는 이름으로 제각기 펼치기 때문이야.

어떻게 사는 것이 진리대로 사는 걸까?

노자의 주장대로라면 인간은 어떻게 살아야 옳은 걸까? 다음 이야기를 들어 보렴.

어느 집에 민지라는 소녀가 살았어. 민지에게는 자기보다 두 살 어린 동생이 있는데, 동생은 욕심이 많아 뭐든지 혼자 독차지하려고 했어. 그래서 좋은 옷도, 맛있는 음식도, 자기가 먼저 입고 먹으려고 했지. 그래도 민지는 동생과 다투지 않고 항상 동생에게 양보했어.

민지는 억지로 애쓰지 않아도 공부를 잘했어. 하지만 반 아이들에게 잘난 척하지 않았지. 반 친구들이 모르는 것을 물어 오면, 망설이지 않고 친절하게 가르쳐 주었어. 간혹 친구들이 말라깽이라고 놀려도 부드럽게 웃고 넘기고 말아. 또 심술궂은 아이들이 먼저 싸움을 걸어와도 웃으면서 져 주지. 그래서 반 아이들 모두 민지를 좋아해.

이 이야기에 나오는 민지의 태도가 바로 노자가 말하는 도를 따르는 삶이야. 그것은 싸우지 않고 져 주며, 다투지 않고 부드러우며, 욕심을 줄이고 잘난 척하지 않는 태도야. 또 억지로 하지 않아도 공부를 잘하는 것도 그 예야. 너희들도 그런 친구를 좋아하지? 이것이 바로 노자가 강조한 '도'야. 그래서 민지 같은 친구에게는 적이 안 생겨. 옛날에도 민지와 같이 살면 남에게 해를 당하지 않고 오래 살 수 있다고 믿었던 거야.

노자는 도를 따르는 방법을 자연에서 찾아 쉽게 설명했어. 통나무처럼 소박하게, 풀처럼 부드럽게, 물처럼 다투지 않고 말이야. 잘난 척하면 남의 시기와 미움을 받기 때문에 어리석은 척 못난 듯이 살라는 것이지. 또 있는 그대로의 현상을 받아들이면서 포용력 있게 살라고 해.

기본적으로 우리의 상식을 뒤엎는 이런 노자의 사상은 《도덕경》이라는 책에 실려 있어. 노자는 명예나 돈이나 권력이 다 쓸모없는 것이고, 진정으로 인생의 값진 보물은 '건강한 생명 활동'이라고 했어.

노자의 이러한 사상은 공자 학파 못지않게 후대에 깊은 영향을 끼쳤어. 동양의 천문학이나 과학·의학·예술은 노자 사상과 깊은 관계가 있어. 중국에서는 노자를 신으로 받드는 종교로도 발전했는데, 그게 바로 도교야.

사람들 중에는 남보다 많이 가지고, 큰 집에서 잘 먹고 잘 사는 것을 행복으로 여기는 사람들이 많아. 누구나 그렇게 되기를 바라면서 욕심을 부리다 보니, 환경이 오염되고 자연 재해와 알 수 없는 질병이 생겨났지. 노자의 관점에서 보면 인간의 무지와 욕심이 자연의 질서를 무너뜨린 거야. 그러니 자연의 원리인 도를 따라야 한다는 노자의 주장은 물질 만능 시대인 오늘날 큰 의미가 있다고 할 수 있어.

조선 후기 화가 김홍도가 그린 〈노자출관도〉
52.1cm×97.8cm
간송미술관 소장

노자랑 쑥덕쑥덕

노자님, 공자님 사상에 대해 어떻게 생각하시나요?

세상은 진리를 따라야 바로잡히는데 공자는 진리와 먼 주장을 펼쳤어요. 옛 성인을 높이고 착하게 살라고 주장하면서, 인간적인 노력을 통해 사람들을 올바르게 교육시켜 세상을 바로잡으려고 했지요. 그 때문에 자기 나라인 노나라 외에 공자를 필요로 한 곳은 한 군데도 없었어요. 공자의 말이 통하지 않았던 게지요. 사실 공자가 주장하는 그런 진리는 자연 속에 없어요. 공자의 주장은 모두 인간 중심의 생각과 노력이지요. 진리란 스스로 존재하며 인간의 일과 상관없는 것이에요. 공자는 그 진리를 따르지 않았어요.

책 한 권으로 노자 읽기

《도덕경》

上善若水
상선약수
가장 좋은 것은 물과 같다.

> 노자는 물은 만물을 이롭게 하나 다투지 않고 사람들이 싫어하는 낮은 곳으로 흐르니 진리에 가깝다고 했어요. 인간도 이 물처럼 행동하면 가장 좋다는 뜻이에요.

　노자가 지은 것으로 알려진 책으로, 《노자》라고도 해요. 지금의 《도덕경》은 81개 장, 5,000자가 조금 넘는 분량으로 제1장에서 제37장까지를 '도경'이라 부르며, 제38장부터 마지막 제81장까지를 '덕경'이라 불러요. 노자는 이 책에서 있는 그대로의 자연스러움을 따르는 무위의 삶을 살아갈 것을 주장하고 있어요. 무위란 '하는 것이 없다.' 또는 '하지 않는다.'는 뜻이 아니라 '억지로 하지 않는다.'는 뜻이에요. 이미 배가 부른데 억지로 무언가를 먹으면 배탈이 나듯이 인간이 만물의 자연 상태를 거슬러 억지로 무언가를 하다 보면 부작용과 피해가 커진다는 것이지요.
　《도덕경》은 공자의 《논어》와 함께 동양 사상의 양대 산맥이라고 할 수 있어요. 공자는 인간의 도덕을 중시하고 어떻게 해서든 세상의 질서를 바로잡아 사람답게 사는 것을 중요하게 생각했다면, 노자는 자연은 인위적인 것과 관계가 없으며 자연의 원리인 도를 따라야 한다고 주장했어요. 그래서 공자의 가르침은 훗날 윤리와 도덕에 영향을 주었고, 노자의 가르침은 과학이나 의학 또는 예술에 영향을 미쳤어요.

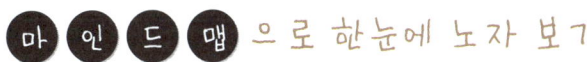으로 한눈에 노자 보기

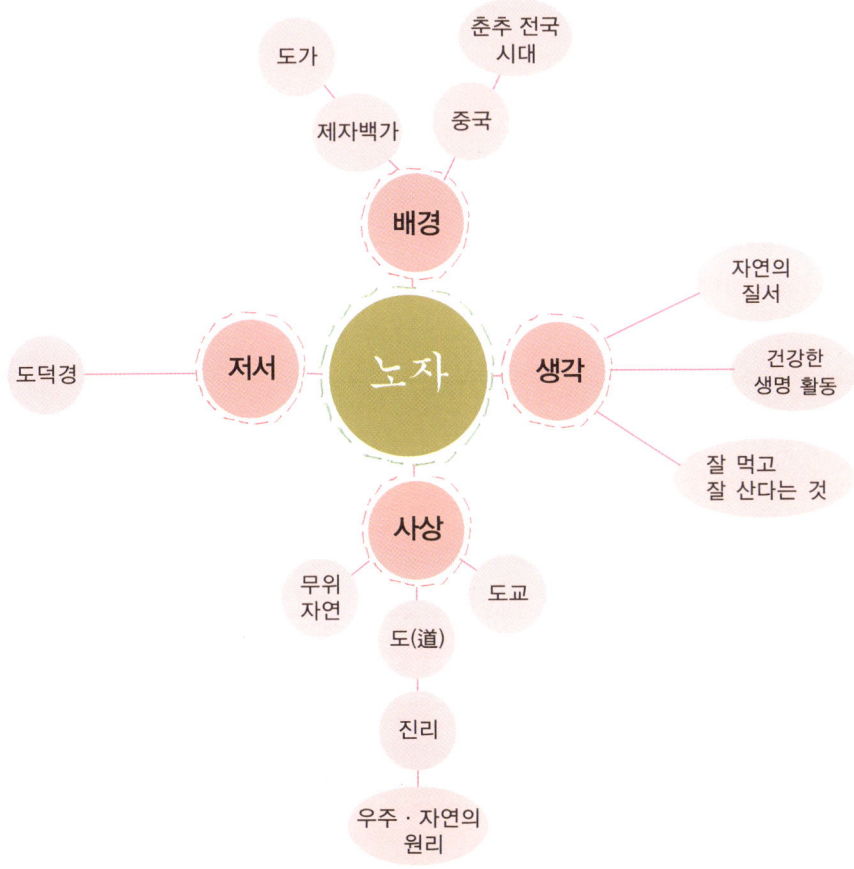

노자의 생각은 환경 보호와 관계있을까요?

　노자의 생각은 기본적으로 자연은 인간의 생각과 무관하게 존재한다고 보아요. 그러니 자연의 질서 또는 원리를 무시하고 인간의 판단으로 그것을 훼손하면 건강한 생명 활동을 해친다고 했지요. 따라서 노자의 생각은 오늘날 우리가 말하는 환경 보호 주장과 큰 관계가 있어요. 잘 먹고 잘 산다는 것도 큰 틀에서 본다면 자연의 질서를 존중하는 가운데 있답니다.

03 올바른 정치란 무엇인가?

맹자 (孟子) : 기원전 372년경~기원전 289년경
중국 춘추 전국 시대의 유교 사상가로, 전국 시대에 배출된 제자백가 중 한 사람이다. 공자처럼 각지를 돌아다니며 왕도 정치를 주장하였으나 당시 제후들에게 거절당하자 고향에 돌아와 제자 교육에 힘썼다.

중국 전한 말 **유향***이라는 사람이 쓴 《열녀전》에 이런 이야기가 나와.

집을 떠나 유명한 스승 밑에서 공부하던 청년이 있었어.

유향
(기원전 77년~기원전 6년)
중국 전한의 학자이자 정치가로, 전국 시대는 유향이 지은 《전국책》이라는 책 이름에서 유래한 말이야. 또 유향의 저서인 《열녀전》은 여성의 모범이 될 만한 인물에 대하여 담고 있는 책이야.
맹자와 맹자의 어머니에 관한 이야기도 여기에 들어 있어.

그런데 어느 날 그 청년이 느닷없이 집으로 돌아왔어. 마침 그때 베틀에 앉아 베를 짜던 어머니는 반가운 마음을 감추고 아들에게 물었지.
"네 공부가 어느 수준이냐?"
"아직 마치지 못하였습니다."
아들의 대답을 들은 어머니는 짜고 있던 베를 칼로 사정없이 뎅강 잘라 버렸어. 그러고는 이렇게 꾸짖었어.

맹자 왈,
"사람의 본성은 본래 선하다."

"네가 중도에 공부를 그만두고 돌아온 것은 지금 짜고 있던 베를 잘라 버린 것과 같다. 그런 끈기를 가지고 무엇을 이룰 수 있겠느냐?"

청년은 어머니의 행동에 크게 깨달음을 얻고, 스승에게로 돌아가 더욱 열심히 공부했어. 훗날 청년은 중국 역사에서 공자 다음으로 크게 존경받는 인물이 되지.

공자의 '인'에 '의'를 더하다

우리나라의 한석봉 이야기와 비슷한 이 이야기는 춘추 전국 시대 사상가인 맹자의 일화야. 맹자의 이름은 원래 맹가이고, 공자가 태어난 노나라와 아주 가까운 추나라에서 태어났어. 공자가 죽은 지 100년쯤 뒤의 일이지.

맹자가 어려서 아버지를 잃자, 어머니는 맹자의 교육을 위해 온 힘을 쏟았어. 앞의 이야기는 맹자의 교육과 관련된 '맹모단기'라는 유명한 일화야. 또 맹자의 교육을 위해 세 번이나 이사를 했다는 '맹모삼천지교'라는 고사도 있지.

맹자는 공자의 손자인 자사의 문하생 밑에서 공부를 해. 그러니까 맹자의 학문은 공자의 가르침을 잇고 있는 셈이지. **공자가 '인'을 강조했다면, 맹자는 '인'과 '의(義)'를 주장했어. 공자의 인에 자기의 의를 보탠 것이지. 의는 '의롭다.', '올바르다.', '정의롭다.'는 뜻의 도덕적 가치를 말해.**

백성을 돌보지 않는 왕을 꾸짖다

그렇다면 맹자는 어떤 배경에서 인과 의를 주장하게 되었을까?

맹자가 살았던 전국 시대에는 그나마 겉으로만 남아 있던 주나라의 봉건 제도가 완전히 무너졌어. 아랫사람이 윗사람을 죽이거나 쫓아내는 일이 자주 일어났지. 또 왕들은 서로 많은 땅을 차지하기 위하여 이웃 나라를 침략했어. 그 과정에서 백성들을 전쟁터로 내몰았지.

다음은 맹자가 본 당시 상황에 대한 설명이니 잘 들어 봐.

맹자가 양나라 혜왕을 만나기 위해 여행할 때의 일이야.

들판을 지나는데 굶어 죽은 시체가 도처에 나뒹굴고 있었어. 흉측한 모양과 역겨운 냄새 때문에 차마 쳐다볼 수 없었지.

조금 더 지나 마을 입구에 들어서니 백성들이 보였어. 그런데 모두 굶주림에 지쳐 잘 걷지도 못했어. 노인들은 기력이 없어 집 안에 누워만 있고, 아이들은 밥 달라고 울어 댔어. 맹자는 그 모습이 몹시도 안타까워 더는 볼 수도, 들을 수도 없었지.

이윽고 궁궐에 도착했어. 궐문을 통과해 마침 왕실의 부엌 앞을 지나가는데 맛있는 냄새가 진동을 했지. 얼핏 보니 거기에는 기름진 고기가 가득 차 있었어.

맹자는 왕이 굶주리는 백성들과는 다르게 사치스럽게 살고 있는 모습을 보자 마음에 분노가 끓어 올랐어.

드디어 왕을 만나자 맹자는 지금까지 본 모습을 모두 이야기하고, 이렇게 말했어.

"백성의 부모로서 어찌 이럴 수 있습니까?"

이런 시대적 상황에서 맹자는 자신의 뜻을 펼치기 위해 여러 나라를 여행했어. 공자와 비슷했지.

맹자가 여행 중 만나는 왕들은 모두 자기 나라를 이롭게 하는 말만 해 주기를 원했어. 모든 왕들이 자신의 나라가 강해지기를 바랐으니까. 그러

맹자의 사당에 있는 기념석. 중국 산둥 성의 작은 도시인 쩌우청에 있어.

나 맹자는 백성들이 잘 사는 강한 나라가 되려면 먼저 왕이 올바른 정치를 해야 한다고 강조했어.

백성들을 위한, 왕도 정치를 주장하다

그렇다면 맹자가 말한 올바른 정치는 무엇일까? 그 이야기를 하기 전에 먼저 맹자가 양나라 혜왕을 만났을 때의 이야기를 들어 봐.

여러 나라를 여행하던 맹자는 양나라 혜왕을 만났어.

혜왕은 맹자를 보자 이렇게 물었지.

"노인께서 천 리를 멀다고 하지 않고 오셨는데, 장차 우리나라를 이롭게 할 수 있겠습니까?"

그러자 맹자는 대뜸 이렇게 대답했어.

"왕께서는 하필 이익을 말씀하십니까?"

"그럼, 이익이 아니고 무엇이 있겠습니까?"

"그보다도 인과 의가 있을 뿐입니다."

"그게 무슨 말입니까?"

"왕께서 어떻게 하면 내 나라를 이롭게 할까 하시면, 대부들은 어떻게 하면 내 집안을 이롭게 할까 하고, 사와 그 아래 사람들은 어떻게 하면 내 몸을 이롭게 할까 할 것입니다. 이렇듯 윗사람과 아랫사람이 서로 이익을 차지하려고 하면 반드시 나라가 위태로울 것입니다."

"그런가요? 계속해 보시오."

"천자를 죽이는 사람은 반드시 제후 가운데서 나오며, 제후를 죽이는 사람은 반드시 대부의 집안에서 나옵니다. 만일 의를 뒤로 미루고 이익을 앞세운다면 서로 빼앗지 않고서는 만족하지 않을 것입니다. 어질면서 그 어버이를 버리는 사람은 없으며 의로우면서 그 군주를 배신하는 사람은 없습니다. 왕께서는 인과 의를 말씀하셔야지 어찌 이익을 말씀하십니까?"

맹자는 일생 학문의 길을 걸었어.

맹자는 이처럼 나라의 이익보다는 먼저 인과 의를 앞세운 정치를 하라고 주장했어. 인과 의를 앞세운 정치란 왕으로서 마땅히 지켜야 할 도리로, 백성을 사랑하고 사회를 올바르게 하는 것을 뜻해. 한마디로 '왕도 정치'라고 하지.

그렇다고 맹자가 한 말이 부자 나라가 되는 것을 반대하는 건 아니야. 나라가 잘되려면 먼저 백성들을 돌봐야 한다는 것이지. 백성들이 안심하고 생업에 힘쓸 수 있게 하고, 농사지을 시기에는 전쟁을 멈춘다든가 세금을 줄여 주는 것 등이 그 예야.

또 왕이 좋아하는 사냥이나 음악도, 백성과 함께 즐기면 백성들이 왕을 원망하지 않고 따른다고 해. 그래서 이웃 나라 백성들이 그 소식을 듣자마자 가족을 데리고, 그 나라로 이사할 것이라고 주장하지.

이웃 나라에서 백성들이 오면, 그 나라의 백성이 늘어나서 결국 부자 나라도 되고, 강한 나라도 될 수 있다고 말이야. 백성들은 자신들을 자식처럼 생각하는 왕을 위해 목숨 걸고 싸울 수 있으니까.

사람의 본성은 본래 선하다

그런데 맹자는 여기서 한 걸음 더 나아가 왕이 백성들을 위하지 않고 포악한 정치를 하면, 백성들이 그 왕을 몰아낼 수 있다고 해. 왜냐하면 왕은 원래 하늘의 뜻에 따라 되는 것인데, 나쁜 왕의 경우 하늘이 그 자격을 빼앗아 가므로, 더는 그 자리에 있을 수 없다는 것이지.

> **성선설과 성악설**
> 성선설은 인간의 본성이 원래 선하다는 맹자의 주장이고, 성악설은 인간의 본성은 원래 악하다는 순자의 주장이야. 그러나 두 사람이 본성을 판단하는 관점은 서로 달라. 맹자의 성선설은 '덕'을 강조하기 위한 것이고, 순자의 성악설은 '예'를 강조하기 위한 것이지.

여기서 말하는 하늘의 뜻이란 백성들의 마음을 뜻해. 그러니까 백성들의 마음이 곧 하늘의 마음인 거야. 따라서 백성들이 따르지 않는 왕은 몰아낼 수 있다고 주장했지. 이것이 그 유명한 맹자의 '혁명 사상'이야.

그런데 백성들이 무슨 근거로 자기들 마음에 따라 왕을 바꿀 수 있을까? 거기에는 '성선설*'이라는 이론이 뒷받침이 돼. 성선설은 사람은 본래 착하게 태어났다는 주장이야. 그럼 맹자는 무엇을 가지고 그것을 증명했을까?

어떤 사람이 길을 가고 있었어. 그런데 어느 마을을 지나다가 아기가 우물 쪽으로 엉금엉금 기어가는 것을 본 거야. 우물의 주변은 평평하여 턱이 없었어. 가만히 내버려 두었다가는 아기가 우물에 빠져 죽을 것만 같았지. 그 사람은 깜짝 놀라 얼른 가서 아기가 빠지지 않도록 붙잡았어.

이것은 아이 부모에게 고맙다는 말을 듣기 위한 것도 아니고, 사람들에게 칭찬을 받으려고 한 행동도 아니야. 그냥 지나쳤다가 아이가 죽을 경우 마을 사람들에게 비난을 받을 게 두려워 그런 것은 더욱 아니지. 무엇을 바라고 한 행동이 아니라 본능적으로 아기가 우물에 빠지지 않게 도운 거야.

맹자는 이 이야기를 가지고 인간이 원래 착하다는 것을 증명해. 인간이라면 누구나 이러한 상황에서 아기를 구하지 않겠느냐고 말이야. 이를 토대로 백성들도 착한 본성을 가지고 있으니, 백성들의 생각이 하늘의 뜻에 어긋나지 않는다고 추론할 수 있어.

이와 같이 맹자는 백성들의 뜻을 따르고, 백성들을 나라의 근본으로 여기는 정치를 주장해. 맹자는 오늘날의 민주주의의 핵심이 되는 '국민을 위하는' 정치를 이미 먼 옛날 주장한 셈이지. 이러한 내용은 맹자가 남긴 책인 《맹자》에 들어 있단다.

맹자랑 쑥덕쑥덕

맹자님, 사람의 본성은 선하다면서 왜 악하게 변하는 건가요?

내가 말한 사람의 본성을 오해한 것 같네요. 내가 말한 사람의 본성이란 인간의 도덕적 판단 능력을 말하는 것이에요. 요즘 말로 하면 도덕적 이성인데, 그것이 선하다는 것이지 인간의 모든 성품이 선하다는 것이 아니에요. 인간에게는 남보다 많이 먹고 많이 가지려고 하는 이기적인 측면도 분명 있어요. 일종의 동물과 같은 습성 말이에요. 나는 이것까지 인간의 본성으로 생각해 본 적이 없어요. 인간이 악하게 변하는 것은 인간이 착한 본성을 따르지 않고, 육체의 이기적인 욕망을 따르게 되면서 생기는 문제랍니다.

책 한 권 으로 맹자 읽기

《맹자》

仁者無敵
인자무적

어진 사람에게는 적이 없다.

맹자는 인과 의를 강조하였는데, 왕이 어진 정치를 베풀면 자연히 백성들이 그 왕을 따라 강한 나라가 된다고 주장해요. 그러므로 어진 정치를 베푸는 왕에게는 대적할 나라가 없다는 뜻이죠.

맹자의 이름에서 따온 책이에요. 맹자의 제자들이 맹자가 죽은 후에 정리한 것이라는 말도 있으나, 대부분의 학자는 맹자가 제자들과 더불어 만든 책이라고 생각해요.

양혜왕·공손추·등문공·이루·만장·고자·진심의 7편으로 구성되어 있으며, 맹자가 제자들, 각 나라의 왕과 제후들, 그리고 그 밖의 여러 사람들과 나눈 이야기를 주로 적어 놓았어요.

전반적으로 공자의 인에 자신의 의를 더하여 설명하거나 왕도 정치에 대해 이야기하고 있어요. 크게는 성선설로부터 혁명론에 이르는 맹자의 생각들은 시대를 뛰어넘어 지금까지도 인간 생활의 한 지침이 되고 있어요.

또 '오십보백보', '연목구어' 등의 뛰어난 비유를 통해 독자의 흥미를 돋우고, 말하고자 하는 바를 쉽게 이해시켜 준답니다. 맹자의 사상을 알 수 있는 유일한 책으로, 전국 시대의 여러 모습을 전하는 다양한 내용으로 가득 차 있어요.

마인드맵으로 한눈에 맹자 보기

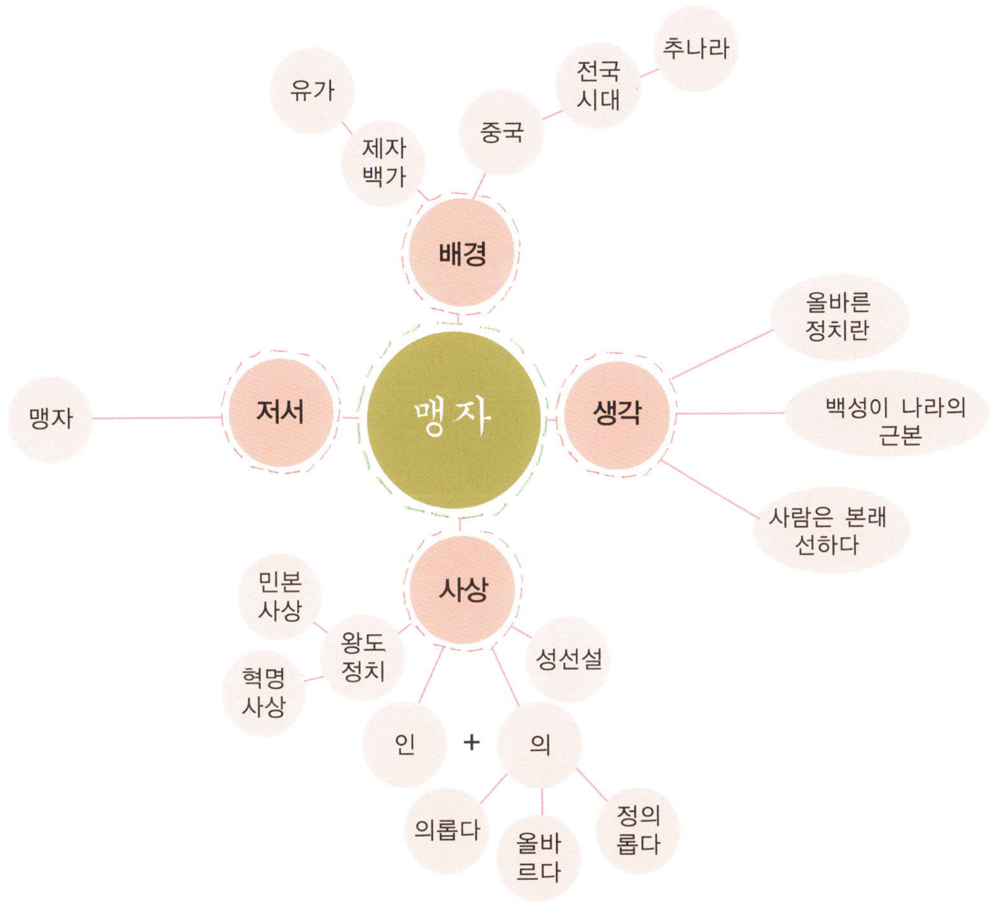

- **맹자**
  - **배경**
    - 유가
    - 제자백가
    - 중국
    - 전국 시대
    - 추나라
  - **저서**
    - 맹자
  - **생각**
    - 올바른 정치란
    - 백성이 나라의 근본
    - 사람은 본래 선하다
  - **사상**
    - 민본 사상
    - 혁명 사상
    - 왕도 정치
    - 인 + 의
      - 의롭다
      - 올바르다
      - 정의롭다
    - 성선설

맹자의 중요 사상은 뭔가요?

　맹자 사상은 공자의 인에 의를 덧붙였어요. '의'는 도덕적인 옳음을 뜻하며 정의로운 것과 관계가 있어요. 그리고 사람이 본래 착하게 태어났다는 성선설, 백성이 나라의 근본이니 어진 정치를 펴야 한다는 왕도 정치, 그리고 못된 왕을 내쫓을 수 있다는 혁명 사상이 그것이에요.

 어떻게 하면 자유로울 수 있을까?

> **장자** (莊子) : 기원전 369년~기원전 289년경
> 중국 춘추 전국 시대에 활동한 제자백가 중 노자와 함께 도가의 대표자로 꼽히는 사상가이다. 본래 이름은 장주라고 하며 맹자와 비슷한 시기에 살았다고 한다. 노자와 마찬가지로 도를 천지만물을 돌아가게 하는 근본 원리라고 보았다. 잠깐 벼슬자리에 있기도 했으나 주로 글을 쓰며 살았다.

어느 날, 두 장님이 길을 가고 있는데 어떤 물건이 길을 막고 서 있는 거야.

두 장님은 당황하여 제각기 그 물건을 만져 보고, 두드려 보기도 하면서 무엇인지 알아내려고 했어. 조금 뒤, 한 장님이 말했지.

"건들건들 흔들리는 걸 보니 누군가 여기에 긴 고무 튜브를 매달아 놓았나 봐."

"아니야. 둥근 게 꼼짝 않고 바닥에 박혀 있는 걸 봐선 누군가 여기에 긴 말뚝을 박아 놓은 게 분명해."

"무슨 소리하는 거야! 고무 튜브라니까."

"뭐라고? 말뚝이거든!"

두 장님은 서로 자기 말이 옳다고 옥신각신 싸워 댔지.

잠시 후, 코끼리 주인이 나타나 말했어.

"이 양반들아, 둘 다 틀렸네."

지나가던 사람들이 이 모습을 보고 모두 배꼽을 잡고 웃었어.

이 이야기는 코끼리임을 눈으로 확인할 수 없는 장님들이 자신의 손끝으로 코끼리의 작은 부위만을 만져 본 느낌만 가지고 대상을 판단했다는 내용이야. 이처럼 제대로 알지도 못하면서 서로 자기 생각이 옳다고 주장하는 경우를 많이 볼 수 있어. 혹시 너희들도 이 장님들처럼 어떤 것에 대해 잘 알지도 못하면서 자기가 옳다고 친구와 논쟁을 벌인 적은 없니?

세상은 덧없는 한바탕의 꿈

　그렇다면 다음 이야기처럼 사는 것은 어떨까?

　　어떤 사람이 강가에서 한가로이 낚시를 하고 있었어.
　　그런데 이때, 초나라 위왕이 보낸 사신 둘이 찾아왔어. 초나라 위왕은 그 사람이 현명하다는 소문을 듣고 불러들여 높은 관직에 앉히려 했어.
　　사신들이 그 얘기를 전하자 낚시를 하던 사람이 사신에게 되물었어.
　　"당신 나라에 신령스런 거북이 있는데 죽은 지 3천 년이 되었는데도 왕이 소중하게 모시고 있다지요?"
　　"네, 그런데 그런 건 왜 묻는 거요?"
　　"그 거북이 죽어서 뼈를 남긴 채 받들어 모셔지는 걸 원하겠소, 아니면 살아서 진흙 속에서 자유롭게 꼬리를 끌고 다니기를 원하겠소?"
　　"그야 당연히 살아서 진흙 속을 자유롭게 다니길 바라겠지요."
　　"그러니 그냥 돌아가시오. 나도 진흙 속에서 자유로이 살겠소."
　　그러자 사신들은 아무 말도 못하고 돌아갔지.

　이 이야기의 주인공은 벼슬자리를 준다는 제안도 마다하고, 세상의 부귀영화를 하찮게 여기며 자연 속에 파묻혀 자유롭게 살기를 바라고 있어. 이런 사람은 아마도 세상 일이 부질없고 한바탕 꿈과 같이 허망하다고 생각할 거야. 어떤 일이나 생각에 얽매이지 않고 스스로 커다란 진리를 깨달았다고 믿으며, 그 진리를 따르는 것을 최대의 행복이라고 여기며 살겠지.

장자는 만물을 모두 한 몸이라고 생각했어.

치열하게 경쟁하고 남보다 잘 살기 위해 애쓰는 요즘 사람들 입장에선 이런 삶이 어처구니 없고, 어쩌면 도인 같은 삶이라고 신기해할지도 몰라. 부끄러운 일을 하고서도 국무총리나 장관이 되기 위해 서로 나서는 정치인들이 판을 치는 요즈음, 높은 벼슬자리를 준다는데도 이를 마다하다니 어찌 보면 참 바보 같다는 생각이 들 수도 있어.

그러나 실제로 이런 사람이 있었어. 바로 장자야. 앞의 이야기는 장자에 대한 유명한 일화야. 그리고 이 글의 첫머리에 등장하는 장님들에 대한 비판도 장자가 주장하는 사상과 의미하는 바가 같아. **우리가 이미 잘 알고, 확실하다고 생각하는 어떤 사실도 알고 보면 보잘것없고, 틀린 생각일 수도 있다는 의미지.**

논쟁이 논쟁을 부른다

그렇다면 장자가 이렇게 주장하게 된 데에는 어떤 시대적 배경이 있을까?

장자가 살던 시대도 맹자가 살던 시대와 마찬가지로 어지럽고 혼란한 시대였어. 일곱 나라가 서로 다투어 땅을 넓히려고 했거든. 이들 나라는 '진·초·연·제·한·위·조'라는 이른바 '전국 7웅'이야. 그래서 이 나라의 왕들은 이름난 학자들을 불러 모아 자기 나라에 이로울 대책을 주문했어. 앞의 이야기에서 초나라 왕이 장자를 불렀던 이유도 바로 그런 까닭에서야.

그런데 여러 학자들은 각자 자신의 학설만 옳다고 주장하면서 상대편의 학설을 헐뜯거나 비판하기 일쑤였지. 왕들에게 자신들의 주장을 돋보이게 해서 벼슬을 얻기 위해서인지는 모르겠지만, 이 때문에 세상은 더 시끄러워지고 어느 주장이 참인지 거짓인지 분간하기 어렵게 되었어.

애초부터 왕의 마음을 얻어 벼슬자리를 차지하려는 마음이 없었던 장자는 서로 자기 주장이 옳다고 싸우는 것도 부질없는 일이라고 생각했어. 그런 주장은 내일을 모르는 하루살이, 겨울을 모르는 여름 벌레와 같다고 보았지.

이러한 장자와 장자 학파의 사상은 《장자》라는 책에 잘 나타나 있어. 그 책에 실린 이야기나 우화의 대부분이 그런 내용이지. 장자의 철학을 이야기나 우화에 빗댄 것이 많은데 그 가운데 하나를 살펴보자.

> 어느 날 아침, 주인이 원숭이들에게 도토리를 나누어 주면서 이렇게 말했어.
> "아침에 세 개, 저녁에 네 개를 줄 것이다."
> 그러자 원숭이들이 모두 한결같이 적다고 화를 냈지.
> 주인은 이번엔 이렇게 말했어.
> "그럼 아침에 네 개, 저녁에 세 개를 주겠다."
> 재밌게도 이번에는 원숭이들이 모두 좋아했어.
> 아침에 세 개 저녁에 네 개를 먹든, 아침에 네 개 저녁에 세 개 먹든, 하루에 일곱 개를 먹는 것은 변함이 없는데, 눈앞에 보이는 차이만 생각하는 거지.

이 이야기는 《장자》에 실린 '조삼모사'라는 유명한 고사야. 세상의 온갖 옳고 그름, 아름답고 추함, 미움과 사랑 등은 이렇게 작은 지식으로 구별하려 한다는 데에서 출발한다는 것이지. **장자가 볼 때 여러 학파의 학자들이 주장하는 것도 이처럼 작은 지식에 불과하다는 거야. 오히려 세상을 시끄럽게 만들고 사람들을 서로 다투게 한다고 본 것이지. 세상 만물의 전체 입장에서 볼 때 아무것도 달라진 것이 없는데, 인간이 구별하고 시비를 따지니까 문제가 된다고 말이야.** 그래서 장자는 이런 논쟁을 잠재우려 했어.

진리는 심지어 똥과 오줌 속에도 있다

　그럼 어떻게 잠재우려 했을까? 장자는 그런 작은 구별보다 도(道), 즉 진리와 하나 되는 것을 택했어. 그 진리는 없는 곳이 없어서 쇠파리나 잡초나 옹기 조각이나 심지어 똥과 오줌 속에도 있다고 했어. 그러니까 도와 하나가 된다는 것은 결국 만물과 하나가 되는 것이야.

　이와 관련된 이야기 하나 들어 보렴.

　하루는 장자가 친구 혜시*와 같이 호수의 징검다리 근처를 걷고 있었어.

　이때 장자가 말했지.

　"피라미가 즐겁게 헤엄치고 있군. 이것이 물고기의 즐거움이란 거지."

　그러자 혜시가 말했어.

　"자네는 물고기가 아닌데 어떻게 물고기의 즐거움을 아는가?"

　"그럼 자네는 내가 아닌데 어떻게 내가 물고

> **혜시**
> (기원전 370년경 ~ 기원전 310년경)
> 중국 전국 시대의 정치가이자 사상가. 제자백가 중 명가의 대표적 인물로, 논리에 밝은 사람이었어. 장자와 교류하며 서로 좋은 토론 상대 노릇을 했어.

조선 후기 실학자 박제가가 그린 〈어락도〉, 《장자》의 한 구절이 그림에 적혀 있어. 26.7cm × 33.7cm, 개인 소장

기의 즐거움을 모른다고 하는가?"

"물론 나는 자네가 아니니까 자네의 마음을 알 수 없고, 자네 또한 물고기가 아니니 물고기의 즐거움을 모르는 것이 명백하지 않은가?"

그러자 장자가 말했어.

"자, 처음으로 되돌아가 생각해 보세. 자네가 내게 '어떻게 물고기의 즐거움을 아는가?' 하고 물은 것은 이미 내가 물고기의 즐거움을 안다는 것을 자네가 알고 나서 물은 것이네. 이제 내가 어떻게 물고기의 즐거움을 알았는지 말하겠네. 나는 이 호숫가에서 물고기와 하나가 되어 즐거움을 알았네."

혜시는 논리를 깊이 연구한 사람으로 알려져 있어. 그래서 장자의 말을 논리적으로 따지고 들었어. 여기서 혜시는 어떤 말을 듣거나 모습을 보아야 아는 것으로 여기지. 논리적으로는 혜시가 옳은 듯 보여. 그러나 장자는 만물 속에 있는 진리를 구체적인 경험을 넘어서서 이미 마음속으로 깊이 이해하고 있지. 진리의 입장에서 물고기와 한 몸이 되어 보면 알 수 있는 문제라는 거야. 혜시처럼 겉으로 드러난 것만 보고, 논리적으로 따져서 알 수 있는 것이 아니라는 생각이 들어 있어.

이렇듯 장자가 여러 학파들의 주장을 다 보잘것없는 것으로 여긴 것은 이런 것들이 전국 시대의 혼란한 문제를 근본적으로 해결해 주지 못한다고 여겼기 때문이야.

여기서 장자가 제안하는 것은 인간이 만물을 차별 없이 대하자는 것이야. 모두를 한 몸으로 보자는 거지. 만물은 인간을 위해 있는 것이 아니라 모두 제각기 자신들을 위해 존재해. 그래서 오리의 다리가 짧다고 잡아 늘일 필요가 없고, 학의 다리가 길다고 자를 필요가 없다고 하지. 그냥 만물을 있는 그대로 내버려 두자는 거야.

동양의 산수화를 보면 인물이 잘 눈에 띄지 않아. 그림 귀퉁이에서 낚시를 하거나 나무 밑에서 쉬는 등 아주 작게 표현되어 있지. 이것이 바로 장자가 생각하는 만물의 모습이야. 인간이 그림의 주인공이 아니라 바로 전체로서의 만물이 주인이라는 뜻이지.

오늘날 세상에는 온갖 학설과 주장이 넘쳐나. 그러나 삶의 근본적인 문제에 대한 해결책을 주기는커녕 혼란만 일으키고 있어. 이럴 때 장자처럼 자연과 한 몸이 되어 욕심 없이 살아가는 것이 해결책이 될 수 있지 않을까? 그리고 자유롭게 사는 것이야말로 정말로 아름다운 삶인지도 몰라.

장자랑 쑥덕쑥덕

장자님, 컴퓨터도 없는 시골에서 살면 심심하지 않을까요?

허어! 심심하다는 것을 누가 느끼나요? 여러분의 마음이 따분하니까 심심하다고 느끼는 것이에요. 결국 그 마음이 요상한 놈인데, 그 마음을 잘 다스려야 심심함을 느끼지 않아요. 나는 가만히 앉아서 나를 잊어버리면 하나도 심심하지 않아요. 컴퓨터와 비교할 문제가 아니지요. 나를 잊는다는 것은 세상 만물과 하나가 되는 것이에요. 그러니 세상 만물이 다 내가 되는 것이랍니다. 저 하늘에 높이 나는 새도 나이고, 깊은 연못 속의 물고기도 결국 나이지요. 이곳저곳에서 내가 저렇게 바쁜데 어떻게 심심하다고 할 수 있나요?

 으로 장자 읽기

《장자》

萬物一府 死生同狀
만물일부 사생동상

만물이 한 창고 안에 있고,
삶과 죽음이 같은 모양이다.

장자의 사상을 잘 나타내는 구절로, 군주가 좇아야 할 도리를 설명하는 말이에요. 장자는 만물이 한 몸이라고 했어요. 또 살았다고 기쁠 것이 없고 죽는다고 슬플 것이 없다고 했는데 이 구절과 통해요. 진리를 깨달은 자의 마음의 경지를 말하지요.

《장자》는 《노자》와 마찬가지로 도가 계열의 책으로, 여러 사람의 글들을 편집한 것이에요. 당나라 현종에게 '남화진경'이라는 존칭을 받아 《남화진경》이라고도 해요.
　현존하는 책은 전체 33편으로, 내편 7편, 외편 15편, 잡편 11편으로 나뉘어요. 그 중 내편이 비교적 오래되었고 근본 사상이 실려 있어 장자가 쓴 것으로 추정하며 나머지는 도가 계열의 학자들이 지은 것이라고 해요. 장자의 학문은 노자의 것과 약간의 차이가 있으나 밑바탕에 동일한 흐름을 엿볼 수 있어요.
　《장자》 속의 이야기는 대개 풍자적인 우화의 형태를 띠고 있어서 읽는 사람에 따라 다양한 해석이 나올 수 있어요. 뛰어난 우언으로 '장주호접', '혼돈개규', '포정해우' 등이 있답니다. 이런 우화들을 통하여 장자는 일반적인 상식과 세속적 가치를 여지없이 부숴 버려요. 인간의 추함과 어리석음과 비굴함과 오만함을 다 비웃고 있지요. 그러면서도 냉철하게 세상을 바라보면서 정신적 자유를 추구하고 있어요.

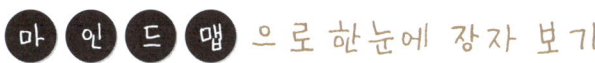

마인드맵으로 한눈에 장자 보기

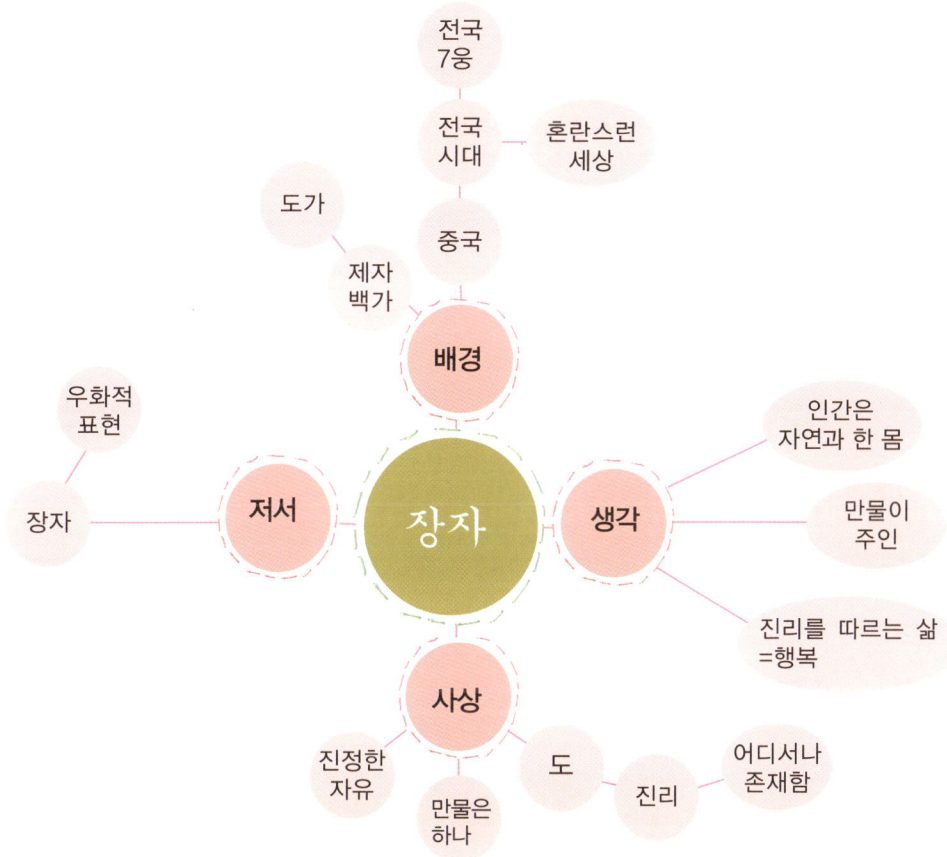

장자의 생각이 노자를 잇는다고 생각하는 이유는 뭔가요?

　장자가 노자를 잇는 도가 계열의 학자가 될 수 있었던 것은 노자의 사상을 따르고 있기 때문이에요. 장자에 의하면 인간이 세상의 주인이 아니라 만물 그 자체가 주인이라는 것이지요. 만물은 인간과 상관없이 스스로 존재해요. 따라서 인간도 만물의 한 부분으로서 만물의 질서를 따라야 참다운 행복이 찾아온다는 점에서 노자의 주장과 같아요.

05 모든 사람이 부처가 될 수 있을까?

> **원효** (元曉) : 617년~686년
> 신라 시대의 승려로 아도, 이차돈, 혜숙, 안함, 의상, 표훈, 혜공, 자장, 사파와 함께 신라의 유명한 승려 열 명에 꼽힌다. 평생 불교 사상의 융합과 그 실천에 힘썼으며, 수많은 저술을 남겨 우리나라 불교 발전에 크게 기여하였다.

신라 진덕 여왕 때의 일이야.

원효와 의상이 당나라로 유학 길을 떠난 지 며칠이 지났을 때였어. 날은 이미 저물었는데 하룻밤 묵어갈 민가가 보이지 않았지. 두 사람은 마침 근처에 있는 토굴 속에서 밤을 보내기로 했어.

한참을 자다가 원효는 몹시도 목이 말라 깨어났어. 주위를 살펴보니 어찌된 영문인지 바로 옆에 물바가지가 있는 거야. 단숨에 벌컥벌컥 마시고 갈증이 사라진 원효는 다시 잠이 들었지.

다음 날 아침, 원효는 머리맡에 놓인 해골바가지를 보고 깜짝 놀랐어. 간밤에 자신이 달게 마신 물이 해골바가지에 고여 썩은 물이었기 때문이야. 더욱 놀라운 것은 그곳은 토굴이 아니라 낡아서 구멍이 난 무덤이었어.

그런데 그날도 비가 오는 바람에 어쩔 수 없이 그곳에서 하룻밤 더 지내기로 했지. 그날 저녁, 원효는 귀신 울음 소리가 들리고 주변의 사물들이 귀신으로 보였어. 시끄

원효 왈, "모든 것이 한마음에서 나온다."

러워서 잠을 잘 수가 없었지.

'사람의 마음은 참으로 변덕스럽구나. 목이 마를 때는 바가지의 시원한 물이었고, 아침에 보니 해골에 고인 썩은 물이라. 어제는 토굴이라 편하게 잤는데, 오늘은 무덤에서 잠을 자니 마음이 편하지 않구나. 그렇다! 마음이 생겨나니 갖가지 일이 일어나고, 마음이 없어지니 토굴과 무덤이 둘이 아니다. 모든 것은 마음에 달려 있구나.'

다음 날 아침, 큰 깨달음을 얻은 원효는 당나라로 떠나는 의상과 헤어져 다시 신라로 되돌아왔지.

이 이야기는 원효가 당나라 유학을 포기하고 신라로 되돌아오게 된 계기를 다룬 유명한 설화야.

깨달으면 부처요, 미혹되면 중생이다

그런데 원효가 여기서 무엇을 깨달았기에 유학을 포기하고 신라로 되돌아왔을까? 그 답은 '모든 것은 마음에 달려 있다.'라는 원효의 말에 들어 있어. 불교의 진리는 사람의 마음과 깊은 관련이 있어. 사람이 마음 먹기에 따라 세상이 다르게 보이기 때문이지.

불교는 원래 눈에 보이는 이 세상의 모든 것을 참된 것이라 보지 않아. 내 자신을 포함하여 눈에 보이는 세상은 잠깐 있는 것이고 시간이 지남에 따라 항상 변하기 때문이지. 무한히 긴 시간의 안목에서 보면, 이 세상에 있는 만물은 본래의 모습을 가진 것은 하나도 없다고 해.

그러니 불교에서는 나를 포함한 세상의 참모습은 깨달은 사람만이 알 수 있다고 가르쳐. 그래서 '깨달으면 부처요, 미혹되면 중생이다.'라는 말이 생겨났지. 여기서 '부처'란 '깨달은 사람'이란 뜻이고 '중생'이란 '인간을 포함한 생물'을 말해.

이런 불교의 관점에서 보면 토굴이니, 무덤이니, 귀신이니, 무서움이니, 기쁨이니, 또 산이나 돌 등이 항상 있는 것이 아니고, 모두 우리의 마음과 관계해서 생기는 것들이야. 설령 어딘가에 산이나 돌이 있다고 해도, 우리의 마음이 없다면 우리가 알고 느끼는 그런 산과 돌은 아닐 거야. 그게 어떤 것인지 또 알 수도 없고 말이야. 그래서 우리가 알고 있는 모든 것은 마음이 만들어 낸다고 본단다.

누구나 부처가 될 수 있다

그런데 깨달았다고 해서 모든 문제가 해결되는 것은 아니야. 자기만 깨달아 극락에 가서 행복을 누린다고 무슨 소용이 있을까? 원효의 고민은 바로 여기에 있었어. 모두가 행복해야 진정한 행복이 아니겠냐고 말이야.

모두가 극락에 가게 하기 위해 부처가 되기를 포기한 사람의 이야기가 있으니 들어 보렴.

석가모니의 제자 가운데 지장보살이 있었어.

지장보살의 능력이라면 충분히 깨달음을 얻어 부처가 될 수도 있었지. 그러나 지장보살은 부처가 되기를 스스로 포기했어.

대신 석가모니의 부탁을 받아 미래의 부처인 미륵불이 오기 전까지 중생을 구제하는 보살(구도자)이 되기로 했지.

한 사람도 남김없이 모든 중생이 구원받을 때까지 지옥도 마다하지 않고 찾아가 인도하기로 한 거야.

전라북도 고창 선운사에 있는 금동지장보살좌상

그래서 지장보살은 아직도 지옥문 앞에서 눈물을 흘리고 있다고 해. 죄를 짓고 지옥에 들어오는 중생들이 불쌍해서 우는 것이지.

원효는 신라가 삼국을 통일해 가던 시기의 인물이야. 그 당시 불교는 고구려에서 전해진 지 얼마 되지 않았을 때라 왕실과 귀족들만 믿고 있었어.

석가모니는 누구나 깨달으면 부처가 될 수 있다고 했어. 하지만 왕실과 귀족, 스님을 제외한 일반 백성들은 불교를 믿거나 부처가 되는 걸 감히 엄두도 내지 못했지. 이러한 이유로 원효는 지장보살처럼 모든 백성을 구원할 필요가 있다고 생각했어.

그런데 앞에서 읽은 지장보살의 이야기 이후에 자기 혼자서만 진리를 깨달아 부처가 되는 일은 무의미하고, 모두가 구원받아야 한다는 이론이 생겨났어. 기존의 개인적인 수양에 가치를 두지 않고 나뿐만 아니라 내 주위 사람들, 더 나아가 모든 인류가 함께 깨달아 참다운 부처가 되기를 바라는 사상이지. 이것이 바로 **대승 불교***가 생기게 된 배경이야.

대승 불교는 출가한 승려들만 해탈하여 극락에 가는 것은 부처님의 진정한 가르침이 아니라고 보았어. 백성들 누구나 쉽게 부처님의 가르침을 깨닫고 따를 수 있어야 한다고 주장했어.

대승 불교와 소승 불교
대승이란 한 사람이 타는 수레인 소승에 견주어 여러 사람이 타는 수레를 말해. 불교가 우리나라에 처음 도입된 시기에는 소승 불교의 성격이 강했는데, 점차 일부 종파에서 대승 불교로 발전되어 왔어. 현재 대승 불교는 한국·중국·일본 등에서, 소승 불교는 스리랑카·미얀마·타이 등에서 많이 믿고 있단다.

그런데 그때까지도 불교는 종파 간에 서로 다른 진리상의 문제를 해결하지 못하고 대립하고 있었어. 그것을 원효가 종파에 얽매이지 않고 초월하여 '일심 사상'으로 해결하려 했지. 일심 사상은 서로 다른 어떤 세계라도 모두 한마음 안에서 생겨나니 문제 또한 한마음으로 해결할 수 있다는 뜻이야. 앞의 이야기에서 모든 게 한마음에서 비롯된다고 한 말과 깊은 관계가 있어.

한국 불교의 새벽을 열다

이렇듯 원효가 살았던 당시만 해도 속세와 극락은 전혀 다른 세상으로, 백성들이 극락에 접근하는 건 불가능했어. 원효 자신이 부처가 되는 길을 깨달았고, 중생 모두가 부처가 될 수 있는 이론을 정리했다고 해서 끝난 건 아니었지. 누구나 불교를 쉽게 믿고 따를 수 있는 방법이 필요했던 거야.

이를 위해 원효는 몸소 실천하여 중생들에게 불교를 전파했어. 거기에 얽힌 설화가 있으니 들어 보렴.

원효와 요석 공주

이 이야기는 고려 시대 승려 일연이 쓴 역사책인 《삼국유사》에 실린 것이야. 요석 공주는 원효의 부인으로, 태종 무열왕의 둘째 딸이야. 원효와 요석 공주 사이에는 설총이란 아들이 있는데, 설총은 한자의 음과 뜻을 빌려 우리말을 적은 표기법인 이두를 정리한 학자란다.

원효는 승려임에도 불구하고 요석 공주*와 혼인을 하고 아들을 낳았어. 그런데 얼마 후 원효는 공주와 아들을 남겨 두고 홀로 궁을 나왔어. 세상 사람들

> **나무아미타불**
> '나무아미타불'이란 '아미타 부처님을 믿고 의지합니다.'라는 뜻이야. 아미타불은 원래 법장이라는 보살이었는데, 깨달음을 얻고 부처가 되어 중생을 구제했다고 해. 대승 불교와 관계있는 부처야.

은 원효가 스님으로서 해서는 안 되는 혼인을 했다며 '땡추'라고 놀려 댔지. 그러나 원효는 그런 놀림에 신경 쓰지 않고 거리에서 표주박을 두드리며 춤을 추면서 백성들에게 불교를 전파했어. 원효는 백성들에게 어려운 불교 이론 대신 '나무아미타불*'을 외우도록 했어. 백성들이 자기의 잘못을 뉘우치고 '나무아미타불'을 열심히 외우면 극락에 간다는 믿음을 주기 위해서야. 동시에 일반 백성들 누구나 쉽게 부처님의 가르침을 깨닫고 따를 수 있다고 했어.

이렇게 원효는 속세 사람들과 함께 어울리면서, 보통 사람들도 부처님의 제자가 될 수 있다는 것을 보여 주었어. 왕실이나 귀족들만 믿는 불교에서 백성들도 쉽게 믿을 수 있는 대중적인 불교로 전파시킨 것이지.

원효는 신라에 불교를 토착화시키는 데 큰 기여를 했어. 원효의 노력으로 인도나 중국 불교가 아닌 한국 불교가 비로소 시작된 것이지. 그러니 '첫 새벽'이라는 뜻을 지닌 '원효'의 이름은 이와 깊은 관련이 있다고 할 수 있지 않을까?

원효는 우리 민족의 큰 스승이야. 불교를 믿지 않는 다른 종교인들 가운데는 혹 스님인 원효를 하찮게 여길지도 몰라. 하지만 원효의 진정한 가르침은 종교나 종파를 떠나 모두를

서울 용산구 효창공원에 있는 원효 대사상

진리의 세계로 안내하고자 하는 데 있지.

　오늘날 우리는 무수히 많은 종교에 둘러싸여 살고 있어. 각 종교마다 정치적 주장도 강해. 하지만 서로 다투지 않고 같이 살기 위해서는 상대를 나의 적이고 없어져야 할 대상으로 보아서는 안 돼. 모두가 진리를 찾아가는 동반자라고 여겨야 하지. 힘들 때는 서로 북돋워 주고, 길을 모르면 안내해 주는 태도가 필요해. 그래야 살기 좋은 세상이 될 테니까.

원효랑 쑥덕쑥덕

원효 대사님, '나무아미타불'을 외치면 정말 깨달음을 얻을 수 있나요?

그럼요. 나무아미타불이란 '아미타 부처님을 믿고 의지합니다.'라는 뜻이에요. 이렇게 자꾸 외어 보세요. 그러면 아미타 부처님이 깨닫도록 도와준다는 믿음도 생기겠지만, 그보다도 '내가 이걸 왜 외우지? 외우면 어떻게 되나? 정말로 외우면 깨달음이 오나?'와 같은 생각을 할 거예요. 그러다가 깨달음이 올 수도 있고, 깨닫지 못하면 달리 공부를 더 하거나, 정성이 부족하다고 더 열심히 외우게 될지도 몰라요. 그래도 깨닫지 못하면 깨달을 때까지 하겠지요. 그럼 어느 순간 깨달음이 옵니다. 이렇듯 나무아미타불을 외우는 것은 깨달음의 실마리(화두)요, 공부하게 만들어 주는 힘이랍니다.

책 한 권 으로 원효 읽기

《금강삼매경론》

心外無法
심외무법

마음 밖에 법이 없다.

원효가 해골 물을 마시고 깨달음을 얻은 뒤에 한 말이에요. 그중 법이란 우리가 보고 듣고 느끼는 만물의 현상을 말해요. 그러니까 그런 현상은 마음이 없으면 있을 수 없고 우리의 마음이 관계해서 아는 것이랍니다.

　원효가 불교 경전의 하나인 《금강삼매경》을 풀어쓴 해석서예요. 신문왕 6년(686년)에 완성했으며 1책 3권의 목판본으로, 지금은 경상남도 합천에 있는 해인사에 소장되어 있어요.
　《금강삼매경》은 중국 남북조 시대에서 당나라 초기까지 중국 불교에서 주장하는 모든 교리를 다루고 있는데, 이 원효의 해석과 풀이 없이는 이해하기 어려워요.
　내용이 서분·정종분·유통분의 세 부분으로 되어 있는데, 이 중에서 원효의 독창적인 사상이 가장 잘 표현된 부분은 서분이에요. 이 책은 독보적인 불교 전문 술어들을 사용하여 다른 경전의 설명과는 다른 새로운 맛을 느끼게 해요.
　《대승기신론소》와 더불어 원효의 많은 저서 중 가장 널리 알려졌으며, 또한 가장 중요시 되는 책이에요. 한국·중국·일본인들이 지은 불교 서적 중에서 유일하게 논(論)이라는 명칭을 받은 작품이랍니다.

마인드맵 으로 한눈에 원효 보기

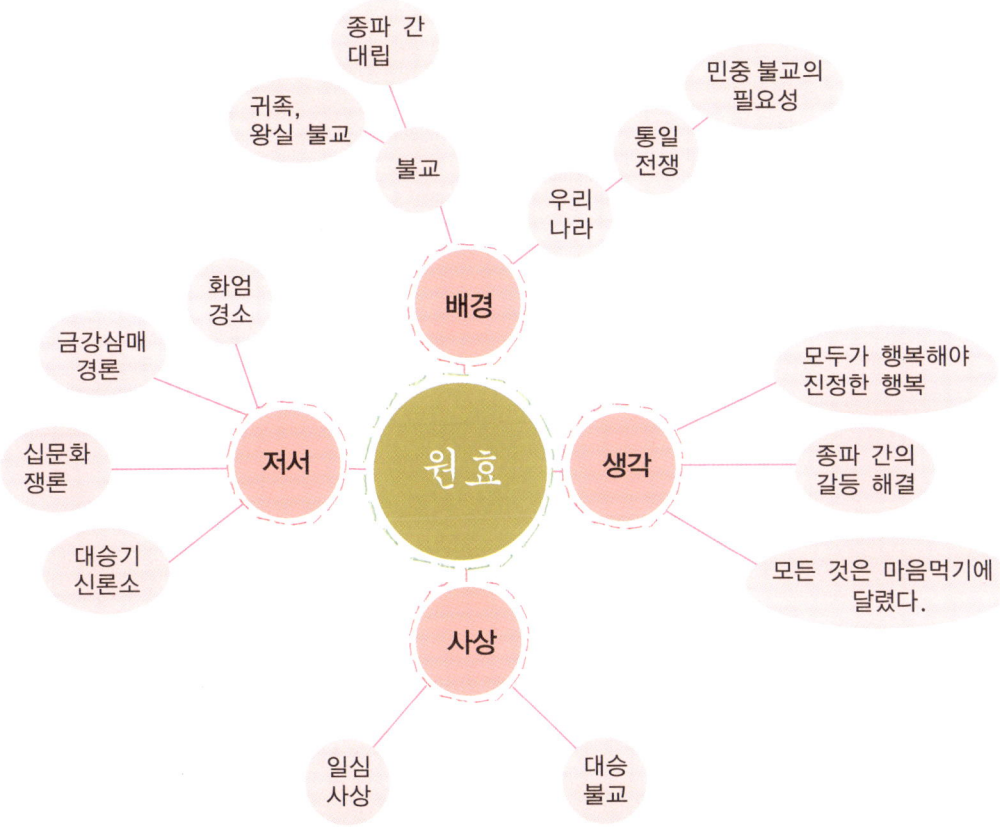

원효 사상이 나오게 된 배경은 무엇인가요?

　원효가 살았던 때는 신라가 통일 전쟁을 하던 시기로, 백성들은 전쟁으로 지쳐 있었어요. 또 삼국을 안정적으로 통일하기 위해서는 삼국을 하나로 묶고 여러 종파로 갈라진 불교를 화합시킬 새로운 사상이 필요했어요. 게다가 당시까지 불교는 왕실을 중심으로 한 귀족 불교였기 때문에 백성들이 누구나 부처님을 믿고 의지할 대중적인 불교가 필요했답니다.

06 갑자기 깨닫기만 한다고 부처가 되는가?

지눌 (知訥) : 1158년~1210년
고려 시대의 승려로, 한국 조계종의 사상적 기초를 수립한 사상가이다. 불자의 수행법으로 '돈오점수'와 '정혜쌍수'를 주장했다. 무엇보다도 혼자서 하는 수행보다는 함께 점차적으로 깨달아야 한다는 대중 운동을 이끌었다는 데서 큰 평가를 받았다.

순천 송광사 밖에 연못이 있는데 거기에 '중고기'라고 불리는 물고기가 있어. 한자로 '승어(僧魚)'라고 해. 그 물고기를 중고기라고 부르게 된 사연을 들어 보자.

어떤 스님이 순천 지방의 뛰어난 산을 보고 거기다 절을 세우려고 했어. 그런데 그 산은 이미 산적들의 소굴이었지. 그래서 스님은 몰래 절터를 살펴보고 있었는데, 산적들이 우르르 달려와 스님의 목덜미를 붙잡으며 말했어.

"웬 중놈이 우리를 염탐하러 왔느냐?"

그러고는 스님을 꽁꽁 묶었어. 얼마 후 식사 시간이 되자 산적들은 먹다 남은 물고기 반찬을 스님에게 갖다 주며 먹으라고 했어. 원래 고기를 먹지 않는 스님에게 물고기를 먹으라고 준다는 것은 큰 모욕이었지. 그런데도 스님은 아무렇지 않게 물고기 반찬을 먹었어.

그러자 산적들은 이렇게 비웃었어.

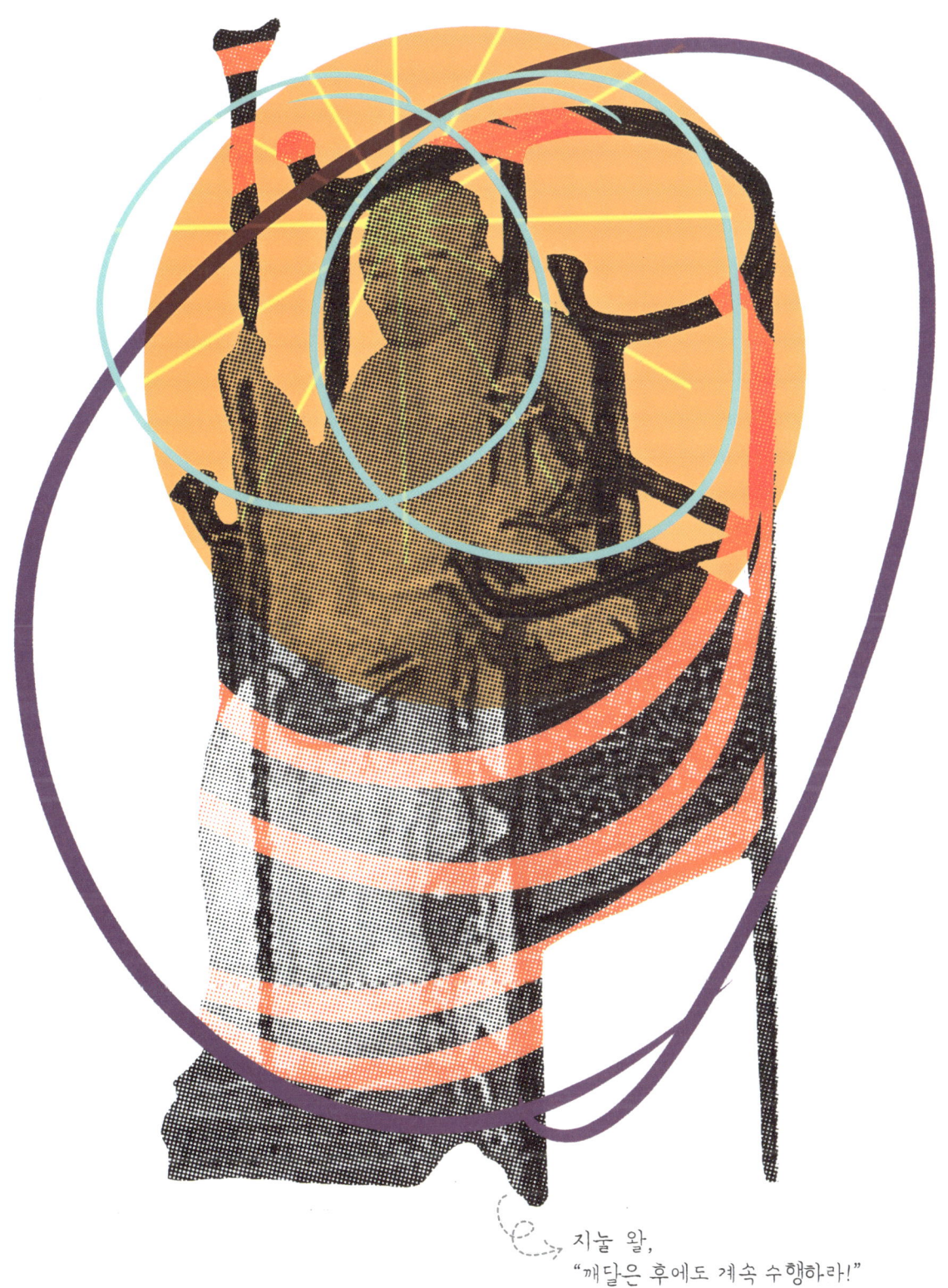

지눌 왈,
"깨달은 후에도 계속 수행하라!"

"흥, 중놈이 고기는 잘도 먹는구먼."

잠시 후 스님이 똥이 마렵다고 하자 연못 근처에서 큰일을 보게 했어. 스님은 푸두둥 푸두둥 설사를 했지. 그러자 놀랍게도 똥 속에서 스님이 먹은 물고기가 살아서 물속으로 폴폴 헤엄쳐 가는 거야.

산적들은 스님의 신통력에 놀라 자신들의 죄를 빌고, 그 산을 스님에게 내어 준 뒤 다른 곳으로 물러갔어.

스님은 그곳에 송광사라는 절을 지었어. 지금도 송광사의 연못에는 중고기가 살고 있는데, 그것들이 그 스님의 똥에서 나온 물고기들의 자손이라고 전해지고 있어.

교종과 선종, 깊어지는 갈등

이 이야기는 보조국사 지눌에 얽힌 전설이야. 지눌은 한국 철학의 중요한 인물이자 불교계의 큰 스승이지.

우리는 불교의 가르침을 크게 두 가지 흐름으로 정리할 수 있어. 하나는 석가모니가 말로 전한 가르침이야. 석가모니의 말을 기록으로 남긴 게 바로 불경인데, 이 불경에 근거해서 가르침을 전한 종파들을 교종이라 불러. 삼국 시대의 불교는 모두 교종이야.

반면에 그 진리를 말이 아닌 마음으로 전한 경우도 있어. 언젠가 석가모니가 제자들을 모아 놓고 연꽃을 들고 미소를 지었는데, 그 가르침을 마음으로 이해하고 미소로 화답한 가섭이라는 제자가 있었어. '염화미소'라는 말이 여기서 유래되었지. 그 가섭의 경우가 마음으로 가르침을 전해 받은 흐름의

달마 대사
인도 사람인 달마는 선종을 처음 만든 사람으로, 470년 중국에 선종을 처음 전해 주었어. 매우 총명하여 종교에 관한 지식이 뛰어났을 뿐만 아니라 무예에도 조예가 깊었다고 해. 졸음이 방해가 된다고 눈꺼풀을 잘라 냈다는 이야기가 전해지는데 사람들은 그런 달마 대사의 강한 의지를 배우기 위해 달마 그림을 벽에 걸어 두기도 한단다.

출발로 볼 수 있어. 석가모니가 마음으로 전한 것을 마음으로 깨닫고자 하는 종파가 선종이지. 선종은 인도의 **달마 대사**[*]가 중국에 와서 전했다고 알려져 있어.

이런 선종의 특징을 잘 나타낸 일화가 하나 있으니, 한번 들어 봐.

조선 중기 화가 김명국이 그린 〈달마도〉
83.0cm×57.0cm
국립중앙박물관 소장

어느 날, 스승과 제자 사이인 두 스님이 길을 걷다가 하늘을 나는 기러기를 보았어.

스승이 기러기를 가리키며 제자에게 저것이 무엇이냐고 물었지.

"기러기가 날고 있는데요."

그러자 스승이 제자의 코를 잡아 비틀며 말했어.

"무엇이 어떻게 한다고?"

"아프다니까요. 제가 어쨌다고 제 코를 비트십니까?"

"그래 맞다. 네가 문제다. 네 마음이 기러기에 가 있으니 기러기가 날아가지. 네 마음이 거기에 가 있지 않으면 기러기는 없다."

이 이야기는 진리가 마음속에 있다는 것을 깨닫게 하는 선종의 한 예야. 선종은 통일 신라 말에 중국을 통해서 들어왔어. 그때 신라에서는 여전히 왕족이나 귀족이 교종을 믿고 있었어. 반면에 선종은 새로 힘을 얻은 지방 **호족**[*]을 중심으로 전파되었지. 그러니까 교종과 선종을 지지하는 세력 자체가 달랐어. 교종과 선종의 종교적 갈등이 있을 수밖에 없었지.

그런데 고려를 세운 **왕건**[*]은 지방 호족 출신이야. 왕건은 고려를 세울 때 불교의

> **왕건과 호족**
>
> 호족은 신라 말기에서부터 고려 초기에 활동한 지방 세력이야. 왕건은 이런 지방 호족 출신으로, 궁예의 휘하에서 견훤의 군사를 격파한 뒤에 여러 지방 세력을 정벌하고 고려를 세웠어. 고려를 세우고 왕이 된 후에는 왕비 외에 29명에 이르는 많은 부인을 두었는데, 이는 혼인 관계를 통해 지방의 호족 세력을 통합하고자 한 뜻이 담겨 있어.

도움을 많이 받았어. 그래서 자신이 죽은 뒤에도 불교를 숭상하도록 했어. 왕건은 처음에 선종의 도움으로 고려를 세웠지만, 왕실과 귀족들은 교종을 믿고 섬겼어. 과거 시험을 통해 등용되는 승려들도 교종 중심이었어. 그러니 신라 말에 이어 고려 때에도 교종과 선종의 대립은 깊어질 수밖에 없었지.

교종은 선종이 무식하고 가르침을 지키지 않는다고 하고, 반면 선종은 교종이 글자에 얽매여 진리의 본 바탕을 깨닫지 못한다고 비판했어.

세상은 어지럽고 불교는 타락하다

그런데 고려 중기에 차별 대우에 불만을 품은 **무신들이 난***을 일으켜. 정권을 잡은 무신들은 교종 대신 선종을 지원했어. 그러니 불교가 무신들의 눈치를 볼 수밖에 없고, 또 승려들이 정치에 관여하기 시작했어. 게다가 정치적 혼란을 빌미로 불교는 귀족들이나 권력자의 복을 대신 빌어 주거나 부귀영화를 누리기 위한 수단이 되기도 했어. 불교가 타락하기 시작한 것이지.

한편 선종에서는 누구나 깨달음을 통해 부처가 될 수 있다고 했기 때문에 일부 승려들 가운데는 스스로 깨달았다고 하면서 함부로 행동하는 자들이 생겨났어. 깨달으면 부처가 된다는 것이 선종의 교리이므로, 누구나 자신이 깨달았다고 주장하면 그뿐이거든. 그것을 증명할 길이 없는 거야. 그러니 깨달은 뒤에도 잘못이 생길 수 있었어. 이런 모습들을 보고 지눌은 깨달았다고 바로 부처가 되는 것은 아니라고 생각했어.

진리를 깨달아도 몸과 마음을 닦아야 한다

지눌은 혼란한 모습을 보고 이를 바로잡고자 정혜결사라는 수도 단체를 만들고 '정혜쌍수'의 논리를 펼쳐. 여기서 '정'은 선종의 수행 방법을 말하고 '혜'는 지혜를 뜻하는 교종을 나타내. 그러니까 부처님의 마음(선종)과 말씀(교종)의 가르침을 함께 아울러 닦아야 한다는 것이지. 교종이 잘못된 수행의 방향을 잡아 주리라 보았고, 또 선종은 진리 자체를 바로 보게 하는 방법이라 여겼거든. 이렇게 지눌 자신은 선종을 따르고 교종을 중시하여 선종과 교종을 통합하려 했어. 이것이 오늘날 한국 불교의 전통이 되었지.

그런데 지눌은 여기서 더 나아가 '돈오점수'를 주장해. 일부 승려들이 자신이 진리를 깨달았다고 하면서 함부로 행동하는 것을 보고 생각한 거지. 그 내용은 '갑자기 진리를 깨닫더라도 점차 몸과 마음을 닦아야 한다.'는 것이야. 깨닫는 것은 선종과 관계되고 몸과 마음을 닦는 것은 교종과 관계가 있어. 진리를 갑자기 깨달았다고 하더라도, 인간에게는 오래전부터 나쁜 습관이 배어 있기 때문에, 가르침을 통해 점차적으로 몸과 마음을 닦고 수행해야 한다는 것이지.

그리고 지눌은 자신의 마음 밖에서는 진리를 찾을 수 없다고 보았어. 마음 밖에서 진리를 찾는 것은 모

무신의 난
고려 의종 24년(1170년)에 무신들이 차별 대우에 불만을 품고 일으킨 난이야. 당시 고려의 무신들은 문신과 다르게 낮은 대우를 받고 있었어. 이에 대해 늘 불만이 있었는데, 고려의 18대 왕인 의종의 보현원 행차 때 불만이 폭발하고 말았어. 젊은 문신인 한뢰가 나이 많은 대장군인 이소응의 뺨을 때린 사건이 벌어진 거야. 그동안 쌓인 불만이 급작스럽게 터지면서 무신들이 들고 일어났어.

지눌은 자신의 마음이 곧 부처의 마음이라고 했어.

래로 밥을 짓는 것과 같다는 말도 했어. 자신이 직접 진리를 깨닫지 못한다면 경전을 아무리 많이 읽어도, 또 극락에 가기 위해 부처님께 복을 많이 빌어도 아무 소용이 없고 헛되다는 뜻이야.

이런 주장을 들여다볼 수 있는 이야기가 있으니 잘 들어 봐.

지눌에게는 누나가 한 명 있었어.

"나는 부처님처럼 훌륭한 동생이 있으니, 지옥에 떨어지지 않을 거야. 동생이 나를 위해 열심히 기도할 테니까."

누나는 지눌을 볼 때마다 늘 이렇게 말하면서 정작 자신은 불도를 닦는 데 게을리 했어. 열심히 불공을 닦아야 한다는 지눌의 말에도 귀를 기울이지 않았지.

누나는 아랫마을에 살면서 동생을 위해 반찬과 음식을 자주 갖다 주곤 했어.

어느 날, 다른 때와 마찬가지로 누나가 맛있는 음식을 가지고 왔어. 지눌은 누나를 한 번 흘깃 쳐다보고는 아무 말도 없이 혼자서 음식을 먹었지. 자기에게 먹어 보라는 말도 없이 혼자 먹기만 하는 동생을 보고 누나는 은근히 화가 나서 말했어.

"동생, 아무리 배가 고파도 그렇지. 내게 먹어 보라는 말도 없이 혼자서 먹는 법이 어디 있어?"

"왜요? 동생이 배부르게 먹으면 누님도 저절로 배부르지 않습니까?"

"이 사람아, 자네가 먹는데 왜 내 배가 불러?"

지눌이 웃으면서 대답했다.

"누님께서는 항상 동생인 제가 부처님 같으니, 그 불법의 힘이 누님에게도 저절로 미친다고 말하지 않으셨습니까?"

그제서야 누나는 지눌의 속마음을 헤아리고 그 뒤로 열심히 불도를 닦았지.

자, 생각해 보자. 이 이야기의 교훈은 불교의 근본 목표가 깨달아 부처가 되는 것이라면, 자신의 마음으로 깨닫지 않고는 불가능하다는 것을 말해. 아무리 경전을 많이 읽어도 그것이 바른 길 안내는 될지언정 그 자체가 진리를 깨닫게 할 수는 없고, 다른 사람이 나를 위해 아무리 기도를 해도 소용이 없다는 뜻이지.

혹시 절의 벽에 그려진 소 그림을 본 적이 있니? 그것은 지눌의 가르침을 그림으로 나타낸 〈목우자십도〉야. '목우자'는 '소를 모는 사람'이란 뜻의 지눌의 호란다.

전라남도 구례에 있는 화엄사의 목우자십도 중 목우(牧牛)

여기서 소는 사람의 마음을 나타내. 마음이 자기 뜻대로 안 됨을 소로 비유한 것이지. 어떻게 소와 목동이 하나가 되는지 기회가 있으면 잘 살펴보렴.

지눌이랑 쑥덕쑥덕

> 지눌 대사님, 부처님의 마음을 어떻게 알 수 있나요?

참 어려운 질문을 하셨소. 그걸 한마디로 말한다면 누구나 쉽게 부처님이 되겠지요. 아마 지금도 깨닫기 위해 수많은 승려들과 신자들이 노력을 하고 있을 텐데, 그 이유는 부처님의 마음을 알 수 있는 쉬운 방법이 없기 때문이 아닐까요? 그러나 방법이 전혀 없는 것은 아니에요. 우선 마음을 비우고 욕심을 버리세요. 어디까지 비우느냐고요? 자기 자신이 없어질 때까지 비우세요. 그러면 모든 게 하나이면서, 있으면서 없고 없으면서 있다는 깨달음이 올 거예요. 이 마음이 부처님의 마음이고 내 마음이에요. 어렵다고요? 그냥 한번 깨달아 보세요.

책 한 권 으로 지눌 읽기

《수심결》

眞心如空 不斷不變
진심여공 부단불변
참마음은 '공'과 같아서
끊어지지도 않고
변하지도 않는다.

불교에서는 '공'을 진리의 세계 그 자체를 뜻해요. 그리고 진심이란 해탈하여 열반의 경지에 이른 마음이에요. 그러니까 진리의 세계는 변치 않으니 참마음을 갖는다는 것이 중요하다는 거예요.

지눌이 지은 대표적인 책의 하나로, 《목우자수심결》·《보조국사수심결》이라고도 해요. 책 이름 그대로 깨달음을 위해 공부하는 사람의 마음을 닦는 수행의 방법을 간결하게 밝혀 놓은 글이에요.

서문을 보면 인간은 번뇌의 세계에서 고통을 겪고 있으며, 이를 벗어나려면 자기 마음이 바로 부처라는 사실을 깨닫고 마음을 다스려 감으로써 부처가 되어야 한다고 쓰여 있어요. 이 글의 요지는 절대 경지의 깨달음인 '돈오'와 점차로 닦아 나가는 '점수'의 두 수행에 관한 것이라고 할 수 있어요. 돈오란 자기 마음이 부처님과 조금도 다르지 않음을 깨닫는 것이고, 점수란 그 깨달음을 바탕으로 점차적으로 자신에게 남아 있는 티끌들을 수행을 통해 닦아 없애는 것이에요.

《수심결》을 통해 지눌은 선(禪)과 지혜인 불교의 경전을 고르게 공부해야 한다는 정혜쌍수를 짜임새 있게 정리했어요. 이는 지눌의 선에 대한 중심 사상으로 한국 선종의 수행 지침이 되어 후대에 큰 영향을 미쳤답니다.

으로 한눈에 지눌 보기

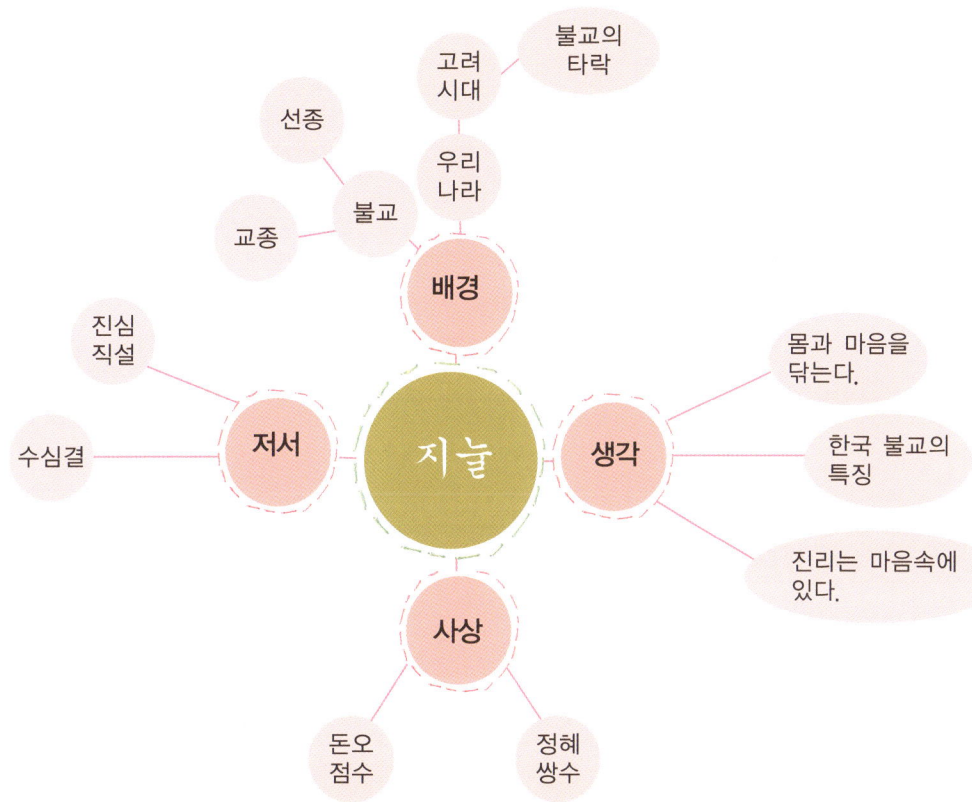

지눌의 사상이 탄생한 배경은 뭔가요?

지눌은 고려 시대 무신 정권 이후 타락한 불교를 새롭게 개혁하고자 했어요. 불교가 정치에 관여하거나 무신들과 결탁해 부귀영화의 수단이 되었거든요. 또 일부 승려들은 스스로 깨달아 부처가 되었다고 주장했지요. 그것을 바로잡고자 지눌은 정혜결사 운동을 펼쳐요. 즉 '선도 중요하지만 부처님의 가르침도 지켜야 한다.'는 주장이에요. 그런 상황과 노력이 돈오점수라는 지눌의 사상의 배경이 되었지요.

07 사람은 어떻게 하면 착해질 수 있을까?

주희 (朱熹) : 1130년~1200년

중국 남송의 유학자로, 주자라는 존칭으로 불린다. 공자, 맹자 등의 학문에 전념하여 유학을 새롭게 해석한 성리학을 완성시켰다. 또는 주자학이라고도 한다. 이후 주자의 철학은 20세기 초에 이르기까지 동아시아를 지배하는 주요 이념으로 자리잡았다.

나는 늘 마음속으로 생각하는 게 하나 있어.

앞으로 10년 뒤엔 아들은 장가를 가고 딸은 시집을 갈 거야.

그러면 가정의 잡다한 일은 모두 떨쳐 버리고 고즈녁한 산속에 숨어 살고 싶어.

그때가 되면 듬성듬성 심은 나무는 자라서 울창한 숲을 이루고, 계곡도 점점 깊어져 작은 오두막은 더욱 아름다워지겠지.

산등성이에 밭을 일구고 계곡에서 낚시도 하며, 책도 읽고, 거문고를 타고, 장구도 치면서 즐겁게 살고 싶어.

옛 성인들의 풍류를 노래하며 산다면 분명 아주 즐거워서 언젠가 죽는다는 사실도 잊게 될 거야.

그러나 지금은 그럴 여유가 없어. 그래서 잠시 이렇게 자연의 아름다움을 글로 남기고, 시를 짓고, 그림을 그리며, 때로는 멀리서 자연의 경치를 바라보는 것으로 위안을 삼으며 살고자 해.

주희 왈,
"인간의 본성이 곧 하늘의 이치이다."

이 글을 읽고 무엇이 생각나니? 마치 현대의 도시 생활에 지친 한 중년 남자가 전원생활을 꿈꾸며 쓴 글처럼 보이지 않니? 출세나 명예에는 관심이 없고, 인간적이고 욕심 없는 소박한 성품이 잘 드러나는 글이야. 전원생활에 대한 바람을 표현하는 대목에선 마치 노자나 상자 학파의 글처럼 보이기도 해.

조선의 기틀이 된 주자학

사실 이 글은 현대의 중년 남자가 쓴 글이 아니라 지금으로부터 800년도 더 전에 중국 남송의 주희라는 철학자가 46세에 쓴 거야. 우리에게는 주자로 더 잘 알려져 있어. 우리가 평소 사용하는 천 원권 지폐나 오천 원권 지폐에 등장하는 이황, 이이도 주자 학파야. 게다가 조선 시대에는 과거 시험을 보기 위해 주희가 쓴 책을 교과서처럼 공부했어. 우리 조상이 주희의 학문을 얼마나 중요하게 여겼는지 알 수 있겠지?

조선 후기에 주희 철학인 주자학을 얼마나 믿고 따랐는지 잘 보여 주는 일화가 있어.

조선 효종·현종 때 윤휴라는 선비가 있었어. 학문이 매우 뛰어나 당시 윤휴를 따르고 선망하는 선비들이 많았지. 그런데 윤휴는 학파에 얽매이지 않고 자유롭게 학문을 연구해서 주자학과 다른 해석을 내놓기도 했어.

송시열*은 그것이 못마땅해서 그를 사문난적*이라며 비난했지.

하루는 송시열이 그의 제자 권상하에게 물었어.

"윤휴가 지은 죄 가운데 가장 큰 게 무엇인가?"

"역모(반역) 죄가 가장 큽니다."

권상하가 이렇게 대답하자 송시열이 말했어.

***사문난적** 성인의 가르침을 어지럽히고 거기에 어긋나는 언행을 한 사람을 일컫는 말

"그대는 아직 공부가 깊지 못하다."
그러자 권상하가 물었어.
"그렇다면 주자를 능멸한 것이 가장 큰 죄입니까?"
송시열은 그제서야 고개를 끄덕였지.

> **송시열**
> (1607년~1689년)
> 조선 후기의 문신 겸 학자야. 주자학의 대가로서 이이의 학통을 계승했어. 붕당 정치 초기에 남인과 대립하고 서인을 이끌며 주자를 믿고 따르는 것을 평생의 일로 삼았어. 조선 후기의 정치계와 사상계를 호령했던 인물이지.

송시열은 당시 정치적, 사상적으로 대단히 영향력 있는 선비였어. 그래서 선비로서 임금을 배신하는 역모보다 주자를 비판하는 것을 더 큰 죄라고 여겼지. 이처럼 조선 후기까지 주자학은 막강한 힘을 발휘했어.

우리 조상들의 머릿속에 각인된 주희의 이미지는 예법과 도덕을 철저하게 지키는 엄격한 학자였어. 하지만 이런 주희의 엄격한 이미지는 학문적인 태도일 뿐이야. 주희는 실제로 매우 인간적이고 가족과 친구, 제자들 그리고 자연을 사랑하는 따뜻하고 낭만적인 사람이었어. 다소 성미가 까다롭고 집요하긴 해도, 활발하고 사교적이었다고 해.

주희 철학, 꽃처럼 피어나다

당나라 이후, 분열된 중국을 다시 통일한 송나라 태조 조광윤은 개국 이후부터 무신보다 문신을 크게 우대했어. '황제의 행동에 반대하는 말을 했다고 해도 선비를 죽이지 말라.'라는 유언을 남길 정도로 말이야. 그러자 천하의 인재들은 서로 앞다투어 학문에 몰두했고 그 결과 문화적으로 큰 부흥의 시기를 맞이하지. 그래서 이 시기의 이름난 철학자·문학가·역사가·예술가들이 많아. 주희의 사상에 영향을 미친 주돈이·소옹·장재·정이·정호가 모두 이때의 인물들이야.

하지만 문화의 꽃을 피운 송나라도 1127년 만주에서 일어난 금나라에 의해 망해.

이때까지의 송나라를 '북송'이라 부르지.

한편 금나라를 피해 남쪽으로 도망 온 송나라 왕족이 나라를 세우게 되는데 이를 '남송'이라 불러. 주희는 남송이 생긴 지 얼마 되지 않은 시기에 태어났어. 주희의 아버지 주송은 관리였는데, 금나라와의 화해를 반대하다가 파직을 당해.

주희는 이민족인 금나라가 침략한 어지러운 상황 속에서 태어나 자랐어. 이러한 시대적 배경으로 인해 주희의 학문은 자신의 국가를 침입하는 금나라를 어떻게 볼 것인가에 관한 도덕적인 문제를 고민했어. 다시 말해 어떻게 하면 인간이 착해질 수 있을지 깊은 관심을 가진 거야.

주희의 학문은 불교와 노자와 장자 학파의 도가 사상에 영향을 받았어. 한나라 이후의 유학은 철학적으로 내세울 만한 이론적 가치가 없었어. 반면, 불교와 도가는 우주나 자연, 인간의 심성에 대한 심오한 철학적 이론을 가지고 있었어. 지식인들은 도가 사상에 큰 매력을 느끼고 푹 빠져 있었기 때문에 유학은 큰 위기를 맞게 되었지.

사실 유학은 다른 종교나 학문은 인정하지 않아. 그래서 불교나 도가를 사악한 이단으로 보았지. 유학 내부에서는 이런 학문적 위기를 극복하고 불교나 도교를 능가하는 논리를 세워야 한다는 주장을 펼쳤어. 이런 필요성에 따라 주희는 성리학을 완성시키지.

착한 사람? 나쁜 사람?

주자의 학문을 인간의 '본성'과 '의리'를 탐구하기 때문에 성리학이라고 해. 송나라에서 나왔다고 해서 '송학'이라고 부르기도 하고, 주희가 완성했다고 해서 '주자학'이라고도 하지.

주희는 어떻게 하면 착한 인간이 될 수 있을지에 관심이 많았어. 그리고 그 해결의 가능성을 '성즉리'라는 논리로 표현하려 했지. 이 말은 본래 북송의 '정이'라는 철학자가 먼저 주장했는데 주희가 이어서 발전시켰어. **성즉리는 '인간의 본성이 곧 하늘의 이치'라는 뜻이야.** 인간의 본성이 하늘이므로 사람은 원래부터 착하다고 풀이할 수 있어. 바로 앞에서 배운 맹자의 성선설을 이어받은 거지. 그렇다면 여기서 한 가지 의문이 생겨. 인간의 성품이 하늘과 같다면 모두가 하나같이 착해야 하는데 어째서 착한 사람이 있고, 나쁜 사람이 있는 걸까? 이러한 의문을 풀 수 있는 적절한 이야기가 있어.

어떤 부자 노인에게 세 아들이 있었어. 그런데 세 아들은 게으름을 피우고 놀기만 했어. 노인은 자기가 죽은 뒤에 아들들이 가난하게 살까 봐 걱정을 했어. 그래서 아들들에게 나누어 줄 밭에 보물을 깊숙이 묻어 두었어. 그러고는 병이 들어 죽으면서 유언을 남겼어.

주희는 인간의 선한 본성을 깨달아야 한다고 했어.
그 본성이 곧 하늘의 이치야.

주희 73

"밭이 보물이다. 열심히 갈아서 농사를 지어라. 그리하면 부자로 잘 살 것이다."

첫째와 둘째 아들은 아버지의 말을 듣지 않았어. 각기 자기 몫의 밭을 팔고 도시로 이사를 가서 돈을 흥청망청 썼지. 그러나 셋째 아들은 아버지의 말을 따라 열심히 밭을 갈았어. 그랬더니 농사가 잘 되어 가을에 많은 수확을 얻을 수 있었어. 다음 해도 밭을 열심히 갈고, 그 다음 해도 갈았어. 그러다가 우연히 땅속에서 아버지가 숨겨 둔 보물을 발견하여 큰 부자가 되었지.

주자학에서 말하는 착한 사람은 셋째 아들과 같은 사람이야. 셋째 아들의 밭에는 보물이 묻혀 있기 때문에 보물을 이미 가졌다고 할 수 있어. 하지만 셋째는 그 사실을 모른 채 밭 자체가 보물이라고 생각하며 열심히 밭을 일구었지. 그 결과 셋째는 보물을 찾을 수 있었어. 이 이야기는 인간도 노력하면 자신의 숨겨진 본성을 깨달을 수 있다는 것을 말하고 있어. 그 본성대로 행동하면 착한 사람이 되는 거야.

하지만 보통 사람들은 눈앞에 보이는 물질 그 자체에만 연연한 나머지 자신의 숨겨진 본성을 깨닫지 못해. 자신의 땅에 보물이 묻혀 있어 부자가 될 수 있었지만, 밭을 일구지 않은 두 아들과 같아. 그러니까 본성을 깨닫지 못하면 착하다고 할 수 없는 거야.

그래서 주희는 착한 사람이 되려면 천리가 무엇인지 하나하나의 사물을 통해 '리*'를 탐구하는 공부를 해야 한다고 말해. 리를 발견하면 마음이 밝아져 자신의 성품을 깨달아 실천하게 되니, 착한 사람이 된다는 것이지.

주희는 학문을 연구하는 학자이기는 했지만 그렇

> **리(理)와 기(氣)**
> 리와 기는 한 물건 안에 동시에 존재하는 것으로, 리는 원리 또는 법칙과 같은 것이고 기는 물질에 해당해. 가령 달걀의 경우 흰자와 노른자는 기로 된 것이고, 약 20일 동안 어미 닭이 품으면 병아리가 나오는 원리는 리에 해당되는 거지. 성즉리라고 할 때의 리는 천리(하늘의 이치)이면서 동시에 인간의 성품을 뜻해.

다고 꽉 막힌 고집불통은 아니었어. 항상 열린 마음으로 친구들이나 제자들과 대화하고, 편지를 주고받으며 생각을 나누었지. 조선 후기의 선비들이 상상한 근엄한 학자의 모습은 찾기 어려워.

중국 무이산 주희 기념관에 있는 주희 동상

주희가 학문을 가르치는 방법은 비교적 자유로운 편이었어. 강의하는 시간이 짧은 대신 행동으로 실천하는 부분이 많았고, 무엇이든 학생 자신이 직접 부딪쳐 몸소 생각하고 수양하도록 이끌었지. 주희는 스승이란 길을 인도하는 안내자라고 생각했어. 의문점이 있으면 선생은 함께 생각해 볼 뿐 결국 학생 스스로 공부하며 깨달아야 한다고 말이야.

주희랑 쑥덕쑥덕

꼭 공부를 해야만 착해질 수 있나요?

그렇습니다. 그러나 오해하지 마세요. 내가 말하는 공부는 지식을 얻기 위한 공부만을 말하지 않아요. 어려서는 스승을 통해 바른 몸가짐과 바른 행동을 익히면서, 옛 성인들이 남긴 글을 읽으며 그들을 본받아야 해요. 자라서 스스로 공부할 수 있게 되면, 독서와 함께 일상생활에서 올바른 이치를 찾아야 해요. 하나의 이치를 알면 마음을 가렸던 장애물이 없어져 그만큼 밝아져요. 이렇게 하나씩 바른 이치가 점차 쌓여 마음이 밝아지면, 어느 날 갑자기 마음이 크게 밝아지는 거예요. 그렇게 공부를 하면 자신의 본성을 잘 발휘하게 되므로 착한 사람이 되지요.

책 한 권 으로 주희 읽기

《소학》

父生我身 母鞠我身
부생아신 모국아신

아버지는 내 몸을 낳으시고,
어머니는 내 몸을 기르셨다.

이 말은 옛사람들의 생각에 기초해서 정리한 것이에요. 옛사람들은 남성을 씨앗으로, 여성을 밭으로 비유했어요. 밭에 씨앗을 뿌리니 낳는다고 한 것이요, 밭이 곡식을 자라게 하니 키운다고 한 거예요.

 《소학》은 1187년에 주희가 어린이 교육을 위해 제자인 유자징을 시켜 만들게 하고 자신이 그 글들을 정리하여 다듬은 책이에요. 유교의 옛 경전에서 사회의 도덕 규범 중 기본적이고 필수적인 내용을 가려 뽑은 것으로 유학 교육의 입문서예요.
 총 6편으로 내편 4권은 입교·명륜·경신·계고, 외편 2권은 가언·선행으로 교육에 도움이 될 만한 글들로 구성되어 있어요. 부모님에 대한 효도, 형제간의 우애, 친구간의 우정 등 올바른 마음가짐을 갖기 위한 기본적인 행동 철학이 담겨 있어요.
 우리나라에는 고려 말에 처음 소개되었어요. 조선 초기에는 어릴 때부터 유교 윤리관을 익히게 하기 위한 아동이 읽어야 할 책으로, 사학·향교·서원·서당 등 당시의 모든 유학 교육 기관에서는 《소학》을 필수 교과목으로 다루었다고 해요. 조선 중기에는 사림파 학자들을 중심으로 소학이 더욱 강조되었지요.

 마 인 드 맵 으로 한눈에 주희 보기

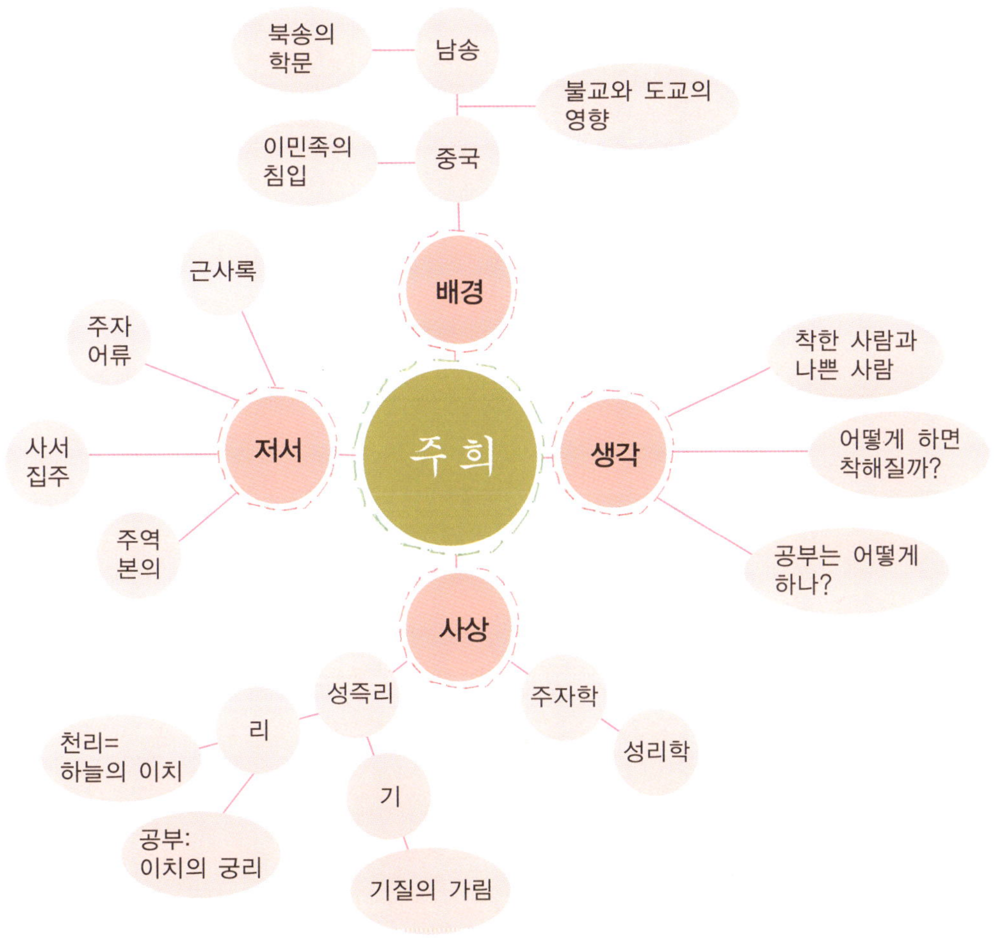

- 배경
  - 중국
    - 남송
      - 북송의 학문
      - 이민족의 침입
    - 불교와 도교의 영향
- 저서
  - 근사록
  - 주자어류
  - 사서집주
  - 주역본의
- 생각
  - 착한 사람과 나쁜 사람
  - 어떻게 하면 착해질까?
  - 공부는 어떻게 하나?
- 사상
  - 주자학
    - 성리학
  - 성즉리
    - 리
      - 천리=하늘의 이치
      - 공부: 이치의 궁리
    - 기
      - 기질의 가림

주희의 사상에서 말하는, 사람이 착해질 수 있는 방법은 뭔가요?

　주희는 인간의 본성이 착하다고 말해요. 그 본성이란 하늘의 이치, 즉 천리이지요. 그런데 본성이 가려져 있으면 착하지 않게 돼요. 그래서 이치를 깊이 연구하여 밝히면 인간의 마음을 가로막고 있던 기질이 변하여 본성을 회복하고 착해지는 거랍니다.

08 누구나 성인이 될 수 있을까?

왕수인 (王守仁) : 1472년~1528년경
중국 명나라 중기의 유학자로, 양명학의 시조이다. 어릴 때부터 주자학을 배웠으나 한때 주자학에 회의를 느끼고 도교와 불교에 관심을 가졌다. 그러나 이내 유교에 복귀하여 마음을 강조하는 양명학을 창시했다.

중국 명나라 때의 일이야.

어떤 관리에게 학당에 다니는 아들이 하나 있었어.

그런데 어느 날, 이 소년이 뜬금없이 학당 선생에게 이런 질문을 했지.

"선생님, 세상에서 어떤 일을 하는 것이 최고입니까?"

"그야 과거에 합격하고 높은 벼슬에 올라 자기 자신과 부모의 명성을 드높이는 일이지."

"세상에는 그런 사람은 많은데, 그게 어째서 최고의 일입니까?"

소년이 이렇게 말하자, 선생은 당돌한 아이라고 생각하며 되물었어.

"그럼 너는 무엇이 최고라고 생각하느냐?"

"오직 독서하고 배워서 성인(聖人)이 되는 것이 최고의 일입니다."

이 이야기를 전해 들은 관리는 아들의 엉뚱한 생각에 쓴 웃음을 지으면서 말했어.

"뭐라고? 네가 성인이 되겠다고?"

세상에서 무엇이 중요한 일일까? 너희의 꿈은 무엇이니? 돈을 많이 벌어 부자가 되는 것? 아니면 노벨상을 타는 것? 꿈이 무엇이든 어릴 적엔 많은 꿈을 꾸는 게 좋아.

어려서부터 성인이 되겠다는 꿈을 가진 이 소년은 명나라 중기에 살았던 왕수인이라는 철학자야. 철학자인 동시에 문학가·교육가·군사 지휘관·정치가(관리)이기도 했지. 왕수인의 아버지는 왕수인이 열심히 공부해 높은 직책의 관리가 되기를 바랐어. 그러나 아버지가 기대한 만큼은 미치지 못했지.

왕수인은 학당에 다닐 때 공부는 하지 않고 골목대장 노릇만 했어. 어떤 때는 학당에서 몰래 빠져나와 아이들에게 깃발을 나누어 주고 전쟁놀이를 했지.

음식이나 과일을 먹을 때면 그것들을 상 위에 군대의 진영처럼 늘어놓고 전투 묘사를 하기도 했어. 왕수인은 청년이 되어서도 말을 타고 활쏘기를 좋아했어. 또 과거 공부보다는 불교에 빠지거나 도교의 도사들과 함께 어울려 수련을 쌓기도 했지.

이렇게 왕수인은 청년기에 불교·도교에 빠지기도 하고 때로는 문학에 심취하기도 했어. 그러다가 결국 유학을 공부하기로 마음을 굳히고 28세에 과거 시험에 합격하여 관리가 돼.

대나무에서 이치를 찾을 수 있을까?

그렇다면 왕수인이 주자학이 아닌 불교와 도교와 같은 새로운 학문에 빠지게 된 배경은 무엇이었을까? 이런 일화가 있어.

왕수인은 과거 시험 때문에 마지못해 주자학을 공부했어. 그런데 어느 날, 주희의 글을 읽다가 문득 한 가지 궁금증이 생겼어.

"주자께서는 만물에 이치가 들어 있다고 했어. 그렇다면 나는 마당에 있는 대나무를 통해 이치를 찾아야지."

그러고는 뜰에 있는 대나무를 가지고 와서 연구를 했지. 주희가 모든 사물에 리가 있다고 했기 때문이야. 그러나 며칠 동안 아무리 따져 보아도 이치를 찾을 수가 없었어.

"주자가 거짓말을 할 리도 없고, 아무나 쉽게 성인이 되는 것이 아니구나."

이렇게 생각하며 온갖 고민을 하다가, 결국 마음의 병까지 얻었어. 그러고는 그만 주자학을 포기하고 도교와 불교에 빠져들었지.

이 이야기는 왕수인이 주자학에 매력을 느끼지 못하고, 회의를 느끼게 된 원인 가운데 하나를 말해 주고 있어. 왕수인이 대나무에서 이치를 깨닫지 못한 것은 어쩌면 당연한 일이야. 마음 밖의 사물에서 인간 사회의 도덕적인 이치를 탐구한다는 것은 사실상 불가능한 일이거든.

한편, 왕수인이 활동하던 명나라는 사회적으로 불안정한 시기였어. 이전의 송나라에 비해 선비들이 학문을 펼치기에 자유롭지 못했지. 황제들은 독재를 하였고, 권력을 모두 환관에게 맡기니 환관이 장악한 조정은 점

왕수인의 호를 따서 이름 붙인 대만의 양명산

점 권위를 잃게 된 거야. 더구나 황제는 동창이라는 일종의 비밀 경찰까지 만들어 선비의 행동을 낱낱이 감시했어.

이처럼 선비들의 입을 막고 독재를 하다 보니, 학문은 발전하지 못하고, 사회 또한 어지러워졌어. 그러자 나라 곳곳에서 반란이 일어났어. 황제 주위의 환관들은 부정부패를 일삼고 심지어 황제의 친척마저도 반란을 일으킬 정도였지.

침체된 학문의 분위기에 회의를 느낀 왕수인은 황제 주위 환관들의 위협과 농간 속에서도 새로운 학문의 길을 찾고자 했어. 다름 아닌 성인이 되는 길이었지.

성인이 되는 길을 찾다

왕수인은 관리가 된 후 유학에 몰두하면서 관리로서의 직무에도 충실했어. 그러다가 왕수인이 어떻게 진리를 깨닫게 되었는지를 알 수 있는 일화가 있어.

당시에는 환관 유근의 횡포가 극에 달했어. 안으로는 충신들을 해치고 밖으로는 백성들을 괴롭히는 유근의 악행을 조정의 모든 대신들이 못마땅해했지만, 권력을 장악하고 있는 유근에게 감히 누구도 반대하지 못했지. 왕수인은 온갖 악행을 저지르는 유근을 비판했지만 오히려 유근에 의해 곤장 40대를 맞고 용장으로 유배 가게 되었지.

유근은 그것도 모자라 용장으로 유배 가는 왕수인에게 자객 두 명을 붙여 몰래 죽이려 했어. 이를 알게 된 왕수인은 자신의 두건과 신발을 강물에 던져 투신 자살한 것처럼 꾸며서 가까스로 위험에서 벗어났어. 그리하여 천신만고 끝에 겨우 용장에 도착해. 왕수인이 유배 간 용장은 산과 숲으로 둘러싸여 맹수와 독충이 많고, 전염병도 많이 일어나는 곳이었어. 게다가 원주민들과 말도 안 통하고, 기후와 토질이 맞지 않아 갖은 고생을 했지.

이런 어려운 상황에서도 왕수인은 좌절하지 않고 공부에 전념했어. 그러던 어느 날 저녁, 갑자기 큰 깨달음을 얻은 왕수인은 자리에서 벌떡 일어나 말했어.

"성인이 되는 길은 나의 본성만으로 충분하다. 마음 밖의 사물에서 찾을 일이 아니다."

전해 오는 말에 의하면 왕수인의 꿈에 맹자가 나타나 진리를 말해 주었다고도 하고, 또는 하늘의 음성을 들었다고도 해.

여기서 왕수인이 깨달은 것은 진리가 사람의 마음 바깥에 있지 않다는 거야. 주희의 주장처럼 몸 밖의 사물에서 이치를 찾을 필요가 없다는 것이지.

유근이 죽자 드디어 유배에서 풀려난 왕수인은 관직이 복직되고, 수많은 제자들을 얻어. 훗날 그의 파란만장한 삶을 통해서 철학이 완성되는데, 세상 사람들은 이를 왕수인의 호를 따서 '양명학'이라고 불렀어.

마음이 곧 진리다

그렇다면 왕수인의 학문에서 가장 중요한 논리는 무엇일까? 주희와는 달리 왕수인은 '심즉리'를 주장했어. **심즉리란 '내 마음이 곧 천리'라는 뜻이야.**

여기서 말하는 마음이란 인간의 순수한 마음을 뜻해. 우리가 앞에서 맹자를 배울 때 우물에 빠진 어린아이를 구해 주는 마음이 인간이 본래 타고난 순수한 마음이라고 했어. **왕수인은 이렇게 무엇이 옳고 그른지 아는 순수한 마음을 '양지'라고 불렀어.** 양지란 오늘날의 양심이라는 뜻이야.

이 양지는 사람이라면 누구나 다 가지고 있는 본성이야. 그래서 도리는 나의 본성만으로 충분하다고 여기지. 주희처럼 진리를 바깥의 사물에서 찾지 말고, 바로 자신의 마음에서 찾자는 말이야. 그래서 양

왕수인은 본래 타고난 순수한 마음이 중요하다고 했지. 그것을 '양지'라고 불렀어.

명학을 마음을 추구한다는 뜻에서 '심학'이라고도 불러. 한편 양명학이 마음과 깨달음을 중요하게 여기니까, 불교의 선종에 가깝다고 비판하는 사람들도 있었어.

그러나 왕수인이 말하는 양지의 도리는 다름 아닌 부모를 공경하고, 형제끼리 잘 지내며, 이웃과 마을과 나라를 사랑하고, 더 나아가 만물에게까지 사랑을 넓혀 가는 것이야. 그리고 이 양지를 깨달으면 성인이 되는 거지. 그 때문에 양명학을 불교가 아니라 유학이라고 여겨.

그런데 양지를 깨달았다고 바로 성인이 되는 것은 아니야. 공부가 필요하지. 왕수인은 양지를 넓혀 가는 공부를 일상생활에서 해야 한다고 주장했어.

이를 잘 말해 주는 일화가 있어.

횡수 지방에서 도적이 난을 일으키자 왕수인이 이들을 소탕하러 갔어. 왕수인은 두 부하가 도적과 내통했다는 보고를 받았어. 하지만 왕수인은 부하들의 죄를 묻지 않고 오히려 공을 세워 잘못을 뉘우치게 했어.

그날 밤, 두 부하가 왕수인을 찾아와 적진에 들어가는 비밀 통로를 말해 주었어. 그러고는 도적의 방어 진지를 만든 기술자가 내부에 있다는 것도 알려 주었지.

왕수인은 그 기술자를 불러와 말했어.

"네가 적을 도와 방어 진지를 만들었다고 하니, 너는 죽어도 마땅하다. 그러나 당분간 너의 죄를 묻지 않겠다."

그러자 그 기술자는 방어 진지가 설치된 곳을 모두 지도에 표시해 주었어. 과연 그들이 준 정보를 토대로 전투를 했더니, 크게 도적을 이길 수 있었지.

왕수인은 배신한 부하나 적에게 잘못을 묻는 대신 공을 세우게 함으로써 죄를 뉘우치게 했어. 적의 목숨일지라도 함부로 죽이지 않았던 거야. 전쟁터에서도 양지를 넓혀 갔던 거지. 그리고 이같이 도덕적인 앎인 양지와 행동이 하나가 되는 것을 **'지행합일***' 이라고 불렀어.

이렇게 왕수인은 학문을 통해 성인이 되는 길을 안내했어. 그 뒤 왕수인의 양명학은 명나라에서 주자학을 대신해 한 시대를 이끌어 갔단다.

지행합일
앎과 실천을 분리하지 않는 주장으로 '앎은 행동의 시작이고 행동은 앎의 완성'이라는 뜻으로 풀이하고 있어. 결과적으로 실천하지 않으면 안 것이라고 할 수 없다는 것으로, 강력한 실천을 강조하는 말이야.

왕수인이랑 쑥덕쑥덕

왜 대나무를 가지고 연구하셨나요?

내가 살았던 때는 주희의 학문이 큰 영향을 미쳤어요. 그래서 나는 주희의 가르침대로 진리가 되는 이치를 찾으려고 했어요. 그 이치는 다름 아닌 인간이 살아가는 도리이지요. 주희는 천하의 어떤 것에도 다 이치가 있다고 말했기 때문에, 뜰에 있는 대나무를 가지고 연구를 한 거예요. 대나무를 선택한 특별한 이유는 단지 주변에서 손쉽게 찾을 수 있었기 때문이에요. 그런데 아무리 대나무를 연구해도 인간의 도리인 이치를 찾을 수가 없었어요. 그러나 포기하지 않고 공부에 전념하여 훗날 인간의 마음에서 그 이치를 찾았답니다.

책 한 권 으로 왕수인 읽기

《전습록》

知者行之始 行者知之成
지자행지시 행자지지성
앎이란 행동의 시작이고,
행동이란 앎의 완성이다.

왕수인의 '앎과 행동이 하나'라는 지행합일설을 설명한 말이에요. 마음에 어떤 앎이 있으면 이미 행동의 씨앗이 되니 그때부터 행동을 조심하고, 행동을 통하여 진정한 앎이 완성되니 실천을 하라는 말이지요.

《전습록》은 왕수인의 어록과 학문을 논한 편지글 등을 왕수인의 제자들이 엮은 책이에요. '전습'이라는 말은 《논어》〈학이〉편에서 증자가 "전(傳)한 바를 익히(習)지 않았는가?"라고 한 말에서 가지고 왔어요. 제자들이 왕수인의 학문을 자신이 잘 이해하고 있는지 어떤지를 스스로 반성하는 의미로 붙였다고 해요.

상권은 40세 때의 어록, 하권은 50세 때의 어록을 제자가 모은 것이에요. 상권의 내용은 지행합일설·심즉리설, 《대학》의 새로운 해석 등이고, 하권은 치양지설·만가성인론 등을 중심으로 하여 수양 방법을 설명하였어요.

《전습록》에서 주장하는 '심즉리'란 '마음이 곧 이치'라는 뜻이에요. 즉 인간의 본성이 곧 하늘의 이치인 천리라는 의미이기도 해요. 이 말은 도덕의 주체는 인간이며 도덕적 가치는 인간의 마음을 떠나 성립할 수도 알 수도 없다는 뜻이에요.

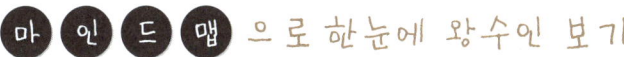 마 인 드 맵 으로 한눈에 왕수인 보기

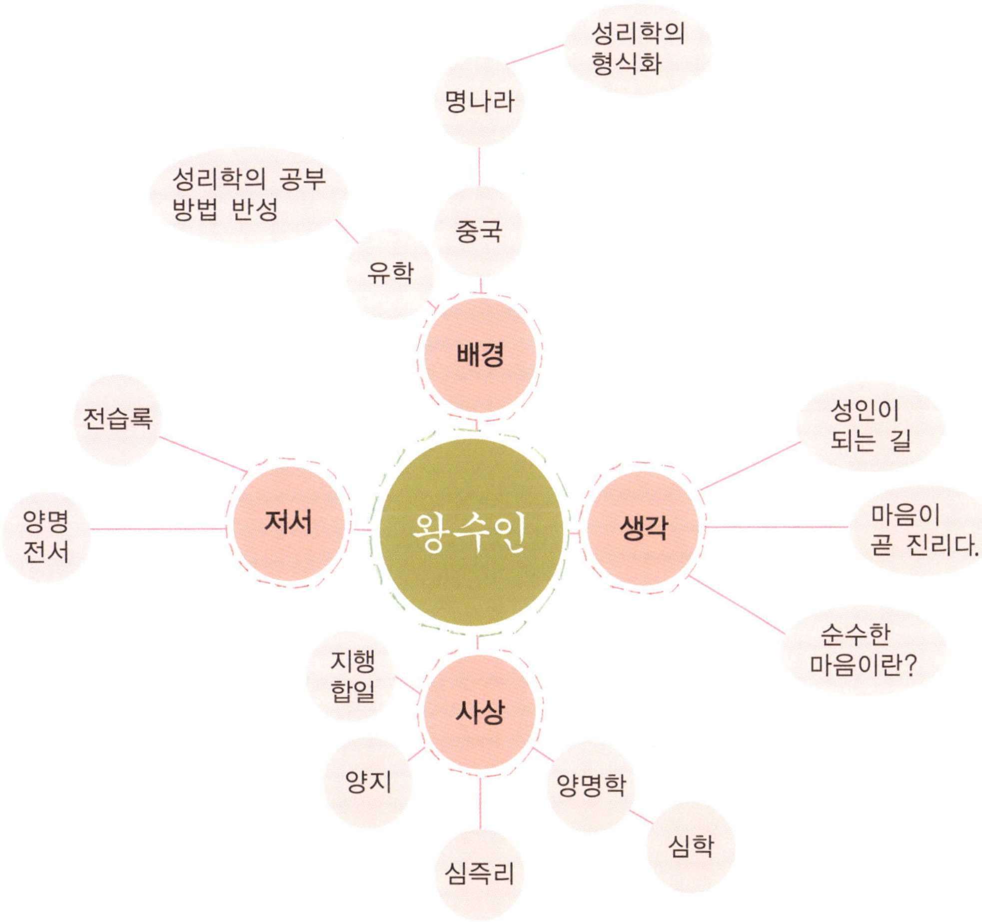

- 왕수인
  - 배경
    - 중국
      - 명나라
        - 성리학의 형식화
    - 유학
      - 성리학의 공부 방법 반성
  - 저서
    - 전습록
    - 양명전서
  - 생각
    - 성인이 되는 길
    - 마음이 곧 진리다.
    - 순수한 마음이란?
  - 사상
    - 지행합일
    - 양지
    - 심즉리
    - 양명학
    - 심학

양명학을 완성한 왕수인의 기본적 생각은 무엇인가요?

　왕수인은 출세하여 잘 살거나 유명해지기 위하여 공부한 것이 아니에요. 성인이 되기 위해 학문의 길을 택한 것이지요. 그러고는 주희의 말대로 사물에서 이치를 찾으려 했으나 성공하지 못하고 나중에 마음이 곧 이치임을 깨달았어요. 결국 인간의 본심을 어떻게 잘 발휘하느냐가 성인이 되는 데 중요한 문제라는 거예요.

09 종달새는 왜 점점 높이 날아오를까?

서경덕 (徐敬德) : 1489년~1546년
조선 중종 때의 유학자이다. 황진이, 박연 폭포와 함께 개성을 대표하는 '송도 3절'로 유명하다. '리'보다는 '기'를 중시하는 주기 철학을 주장하였다.

조선 중기 때 있었던 이야기야. 어떤 선생이 제자들을 한창 가르치고 있는데, 한 늙은 스님이 오더니 말없이 선생께 눈인사만 하고 돌아갔어.

제자들이 그 까닭을 묻자 선생이 말했어.

"그 스님은 호랑이 신령이다. 내일 건넛마을 박첨지 딸이 혼인을 하는데 오늘 밤, 그 신부를 해치려고 내 눈치를 살피러 온 게다."

그러고는 한 제자에게 글을 써 주며 박첨지 집에 가서, 첫닭이 울 때까지 쉬지 말고 글을 소리 내 읽으라고 당부했어.

제자는 박첨지 집에 가서 신부를 방에 가두어 놓고 힘이 센 계집종에게 신부를 붙잡고 있게 했어. 밤이 되자 제자는 방문 앞에 큰 상을 놓고, 촛불을 밝히고, 향을 피우고, 선생이 써 준 글을 큰 소리로 쉬지 않고 읽었어.

자정이 되자, 어디선가 천둥 치는 소리가 들리더니 황소만 한 큰 호랑이가 바람과 함께 마당으로 뛰어들어 와 처마 밑에 쭈그리고 앉아 울부짖었어. 그러자 방 안에서

서경덕 왈,
"이 세상의 모든 변화는 기로 인해 생긴다."

는 신부가 밖으로 나오려고 야단이었지. 호랑이는 으르렁대며 방 앞 기둥을 세 번이나 물어뜯었어. 그때마다 기왓장이 와르르 떨어지고 집이 흔들리며 난리가 났지. 제자는 몹시도 무서웠지만 꾹 참고 글을 읽었어.

이윽고 첫닭이 울자 호랑이는 스르르 물러갔어. 제자가 돌아와 선생께 신부를 구한 일을 말하자, 선생은 세 구절을 잘못 읽었다고 했어. 제자가 틀리지 않았다고 자꾸만 우겨대자 선생이 말했어.

"아니다. 조금 전에 그 중이 와서 네가 세 구절을 잘못 읽었기 때문에 기둥을 세 번 물어뜯고 도망쳤다 하더라. 만약 네가 똑바로 읽었다면 호랑이는 거기 앉은 채 죽었을 게다."

제자가 가만히 생각해 보니 과연 선생의 말대로 세 구절을 잘못 읽었던 거야.

이 이야기에 등장하는 선생은 바로 조선 중기에 화담 선생으로 알려진 서경덕이야. 마치 요즘 영화에 나오는 마법사처럼 신통한 재주를 가지고 있는 듯하지. 동양에서는 마법사라 말하지 않고 주로 술사라 부르는데, 술사는 도교의 한 갈래로 신선이나 단학과 관계되며 도술을 잘 부리는 사람이야. 《해동이적》*이라는 책을 보면 서경덕을 우리나라 단학파의 한 사람으로 소개하고 있어. 아마도 이 때문에 서경덕이 도술을 부리는 이야기가 전해지고 있거나, 아니면 서경덕의 학문이 높아서 사람들이 신비로운 인물로 여긴 듯해.

> 《해동이적》
> 조선 인조 때의 학자 홍만종이 한국 역대의 특이한 인물들의 이야기를 모아 인물별·시대별로 배열하고 평설을 달아 펴낸 전기집이야. 단군에서부터 곽재우에 이르는 38명의 이야기가 들어 있으며, 우리나라의 도교 사상 연구에 귀중한 자료집이야.

처사의 길을 가다

서경덕은 송도의 자랑거리였어. 송도는 개성의 옛 이름인데, 송도에는 유명한 것이 세

가지가 있었어. 바로 박연 폭포와 기생 황진이, 그리고 화담 서경덕이야. 화담은 송도의 한 지역인데 서경덕이 그곳에 살았기 때문에 붙여진 호야.

서경덕은 1차 과거 시험인 생원시에 합격하여 성균관에서 잠시 공부했지만, 그만두고 평생 제자를 가르치면서 처사로 살았어. 처사란 학문이 높고 덕이 있으면서도 평생 벼슬을 하지 않고 지낸 사람을 말해. 처사가 어떤 대우를 받았는지 잘 보여 주는 재미있는 이야기가 있어.

조선 후기 화가 정선이 그린 〈박연 폭포〉 119.1cm×52.0cm 개인 소장

조선 시대 사람들은 모이기만 하면 서로 자기 집안이 훌륭하다고 자랑을 했어. 집안 자랑에는 일정한 기준이 있었는데 다음 세 사람의 대화를 들어 보면 알 수 있어.

"우리 집안에서는 영의정이 세 명이나 나왔소."

"에그, 고작 그것이오? 우리 집안에서는 대제학이 두 명이나 나왔소."

두 사람의 대화를 듣던 옆 사람이 말했어.

"어허! 이 사람들아. 당신 집안에 대제학이 세 명이나 있어도, 우리 집안 처사 한 분하고 안 바꾸지. 어험!"

그러니까 그 자랑의 기준이 벼슬에 있는 것이 아니라 학식과 인품에 있었던 거야.

조선 중기만 해도 벼슬이 없이 덕이 있고 제자가 많은 훌륭한 학자만 처사라 불렀어. 처사는 자기가 부르는 것이 아니라 남이 불러 주는 것이기 때문에 아무나 될 수 없었어. 그러니 서경덕이 일정한 스승 없이 혼자 공부하여 처사가 되었다는 것은 대단한 일이야.

사물을 통해 진리를 밝히자

그런데 서경덕은 왜 벼슬을 하지 않고 학문에만 전념했을까?

그 이유에 대해서는 두 가지 설이 있어.

우선 하나는 조선 초기, 고려에 충성을 바치면서 조선을 받아들이지 않은 선비들이 개성의 두문동이라는 곳에 모여 살았어. 그 때문인지 조선 왕조는 개성 출신을 비롯해서 서북 지방의 선비들에게 과거에 급제해도 특별한 경우를 제외하고는 큰 벼슬을 내리지 않았어. 기껏해야 하급 무관 정도가 고작이었지. 그래서 서경덕이 벼슬길을 접었다는 거야.

> **사화**
> 조선 초기, 선비들이 정치적 반대파에게 몰려 화를 입은 사건을 말해. 중앙의 권세를 가진 세력가들이 자신들이 이미 가진 권력을 빼앗기지 않으려고 지방에서 갓 진출한 신진 세력 선비들을 견제하기 위해 일으킨 사건이야.

다른 하나는 시대적 배경 때문이야. 서경덕은 성종 때 태어나 중종 때 활동한 선비인데 당시는 잦은 **사화***로 인해 수많은 선비들이 희생당하던 시기였어. 벼슬길로 나섰다간 언제 화를 당할지 몰랐지. 그 때문에 서경덕은 중종 때 벼슬자리에 추천되어도 나가지 않았어.

이러한 이유로 서경덕은 다른 선비들과는 다르게 벼슬길에 나가지 않고 학문을 통해 세상을 바로잡으려 했는지도 몰라.

또 서경덕은 주희의 성리학을 공부하면서 리(理)에 대해서는 자세히 나와 있지만, 기(氣)에 대해서는 부족한 것이 많다고 여겼어. 그래서 인간이 어떻게 하면 바르게 사느냐 하는 문제는 이미 앞선 성인이나 학자들이 다 밝혔으니, 자신은 세상 만물에 대해서 더 큰 관심을 가져야겠다고 생각했지.

이런 태도는 이미 어린 시절부터 사물에 대한 호기심을 가지고 있었던 데서 비롯되었어. 그래서 이런 이야기가 전해 오지.

서경덕의 집안은 매우 가난했어. 어느 봄날, 어린 서경덕은 나물을 캐러 집을 나섰어. 며칠째 나물을 캐러 집을 나섰다가 깜깜해서야 집에 돌아왔는데 이상하게도 바구니가 거의 비어 있었어. 그런 일이 계속되자 어머니가 그 까닭을 물었어.

"나물을 캐러 나갔다가 빈 바구니로 돌아오는 이유가 무엇이냐?"

그러자 서경덕이 대답했어.

"나물을 캐는데 풀밭에서 종달새가 날아올랐습니다. 처음에는 조금 낮게 날다가, 다음 날에는 좀 더 높이, 그 다음 날은 더 높이 날아올랐습니다. 그 모습을 구경하느라 나물을 얼마 캐지 못했습니다."

'종달새를 높이 날게 하는 것은 무엇일까?'
이 질문에서 서경덕의 학문이 시작되었다고도 할 수 있어.

이 이야기는 서경덕이 이룬 학문의 성격을 설명하고 있어. 그것은 사물을 통해 진리를 밝히고자 하는 것이지. 이 이야기에서 어린 서경덕은 종달새가 어떻게 날개를 퍼덕여서 위로 나는지 알고 싶었던 거야. 날개를 움직여 나는 것인지 아니면 땅에서 나온 무언가가 종달새를 더 높이 날게 만드는 것인지 말이야.

귀신도 '기'다

서경덕 학문의 중심은 기가 무엇인지 밝히는 거야. 기는 보이지도 않고, 만질 수도 없지만 존재하며 온 우주를 가득 채우고 있다고 했어. 그리고 세상의 모든 변화는 기로 인해 생긴다고 했어. 즉 비나 눈이 오고, 바람이 불고, 꽃이 피고, 사람이 태어나 죽는 것과 같은 세상 모든 현상은 기 때문에 생기는 변화인 거야. 그러니까 종달새가 나는 것도 날개로 기를 부채질해서 떠 있는 것이라 결론지었지.

서경덕은 기란 없어지거나 새로 생기는 것이 아니라 변화하면서 모습만 바뀐다고 생각했어. 촛불을 예로 들어 보자. 양초는 탈 때 빛과 열, 이산화탄소와 그을음을 발생시켜. 하지만 양초가 탄다고 아주 없어지는 것은 아니야. 다만 다른 상태로 모양이 변화했을 뿐이지. 마찬가지로 양초나 이산화탄소, 열이나 그을음이 모두 기에 속하기 때문에 없어졌다고는 볼 수 없지. 그러니 기는 시작도 없고 끝도 없이 영원히 존재하는 거야. 뿐만 아니라 서경덕은 귀신도 기로 보았어. 귀신이란 흰옷 입고 머리 풀고 나타나는 처녀 귀신과 같은 유령이 아니라, 설령 어떤 모습으로 있다고 해도 그것은 단지 기의 신비한 조화일 뿐이라고 했지.

황진이의 유혹을 물리치다

서경덕은 기를 강조하는 조선 최초의 철학자였어. 허엽·박순·민순·박지화·서기·한백겸·이지함 등 많은 제자들을 키우기도 했지. 이들을 화담 학파라고 해. 이후 화담 학파는 선조와 광해군 때 조정에 나아가 활동했어.

서경덕은 학문적으로도 뛰어난 선비였지만 고결한 성품으로도 유명해. 이런 서경덕의 성품에 관련된 유명한 일화가 있단다.

당시 송도에는 황진이라고 하는 유명한 기생이 있었어. 황진이는 용모가 아름다울 뿐만 아니라 노래, 춤, 악기, 한시 등에 능해서 명성이 자자했지. 황진이는 이름 높은 학자로서 고결한 성품을 지닌 화담 선생이 진실한 군자인지 아닌지 확인해 보고 싶었어. 그래서 서경덕을 찾아가 시와 춤으로 여러 날을 유혹했지. 하지만 서경덕은 그 유혹에 넘어가지 않고 끝까지 꼿꼿한 선비의 자세를 지켰어. 서경덕의 흔들리지 않는 모습을 본 황진이는 스스로 서경덕의 제자가 되어 그를 존경했다고 해.

서경덕이랑 쑥덕쑥덕

기를 공부하면 도술을 부릴 수 있나요?

좋은 질문이에요. 옛날 사람들은 흔히 그렇게 믿었지요. 그래서 기에 대해서 잘 안다는 내 소문이 퍼져서 훗날 이런 이야기가 생겼답니다. 그러나 생각해 보세요. 호랑이가 아무리 오래 산다고 신령이 되나요? 그렇다면 호랑이가 많이 사는 인도에서는 호랑이 신령이 나와야 되잖아요? 그러니 그런 도술을 부릴 일도 없지요. 내가 기를 탐구한 목적은 오늘날 과학자들이 탐구하는 것과 다르지 않아요. 단지 나는 보통 사람들보다 기에 대해서 아는 것이 많았기 때문에, 세상의 올바른 이치에 대해서 좀 더 정확히 말해 줄 수 있었을 뿐이에요.

책 한 권 으로 서경덕 읽기

《화담집》

物自何來亦何去
물자하래역하거
만물은 어디로부터 왔다가
또 어디로 가는가?

이 말은 서경덕이 만물의 근원을 탐구하면서 자신에게 한 물음이에요. 결국 서경덕은 스스로 연구하여 깨닫게 되었는데, 만물은 기로 말미암아 생겨나고 또 언젠가는 기로 돌아간다고 해요. 이렇게 누구에게나 물음은 중요한 것이에요.

《화담집》은 평생을 학문과 제자들의 양성에 전념한 '기 철학'의 대가인 서경덕의 성리학설과 시문을 1605년에 그의 제자들이 정리한 것이에요. 현재는 규장각에 소장되어 있어요.

초간본은 서경덕의 제자인 박이정·허태휘 등이 엮고, 1605년 은산현감 홍방이 간행하였어요. 《화담집》은 총 4권으로 구성되어 있어요. 권1에 부·시, 권2에 소·서·잡저·서·명, 권3은 부록으로 연보·비명·유사, 권4도 부록으로 제문·향축·찬가 등과 문인명을 실었어요. 이 중에서 학술적 가치가 있는 글은 권2의 잡저 가운데 실려 있는 원리기설, 이기설, 태허설, 귀신사생론 등이 있어요.

《화담집》은 18세기 청나라의 건륭제가 편찬한 《사고전서》 안에 한국인의 개인 저서로서는 유일하게 소개되었을 정도로 나라 밖에서도 인정받고 있는 책이에요.

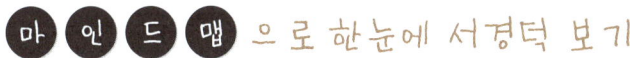으로 한눈에 서경덕 보기

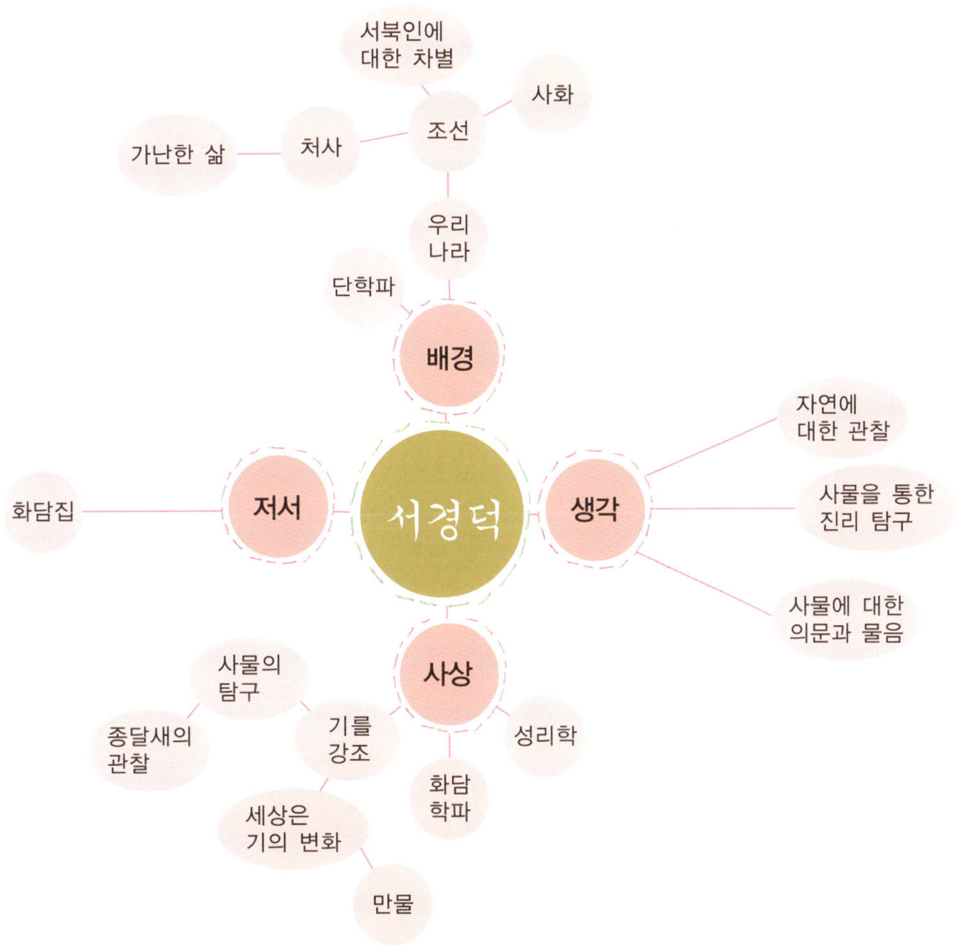

```
                서북인에
                대한 차별
                            사화
   가난한 삶 — 처사 — 조선
                            │
                           우리
                           나라
        단학파               │
                          【배경】
                                        자연에
                                        대한 관찰
   화담집 — 【저서】 — 서경덕 — 【생각】 — 사물을 통한
                                        진리 탐구
                          【사상】
                                        사물에 대한
                                        의문과 물음
        사물의
        탐구
                기를
   종달새의      강조     성리학
   관찰              화담
        세상은      학파
        기의 변화
           만물
```

서경덕 사상의 중심에 기가 있는 까닭은 무엇인가요?

   서경덕은 리에 대해서는 선배 성리학자들이 다 밝혔다고 보았어요. 그러나 리는 인간이 살아가는 원리나 도리를 말하지, 구체적인 사물에 대해서 말해 주는 부분이 적었어요. 그래서 서경덕은 구체적인 사물을 통해 만물의 근원이 무엇인지 밝히려고 노력했어요. 그래서 그 답으로 깨달은 것이 '기'이므로, 자연히 기에 대해 강조했지요.

 어떻게 하면 도덕적인 인간이 될 수 있을까?

이황 (李滉) : 1501년~1570년

조선 중기의 학자·문신이다. 주희의 성리학을 더욱 심화 발전시켰다. 평생 학문을 닦는 데 게을리하지 않았으며, 도산 서원을 설립하였다. 제자들은 퇴계 학파를 이루었으며, 이황의 학문은 일본 유학에도 영향을 끼쳤다.

조선 중기 때의 일이야. 경상도 예안 땅의 한 청년이 하인을 데리고 과거 시험을 보러 한양으로 가고 있었어. 한양까지 워낙 거리가 멀어서 가는 동안 주막에서 먹고 자기도 하고, 때로는 길에서 밥을 지어 먹기도 했지.

그러던 어느 날이었어. 그날은 근처에 주막이 없어서 끼니를 길에서 해결해야 했어. 하인이 주변을 둘러보니 온통 논밭이었는데 마침 콩밭이 보이기에 콩알 몇 개를 따다가 쌀과 함께 섞어 밥을 지었어. 밥이 다 익자 하인이 밥을 퍼서 청년에게 주었어. 그러자 청년이 밥을 보며 말했어.

"아니? 집에서 콩을 가지고 오지 않았는데, 밥에 웬 콩이 들었느냐?"

"아, 네. 맨밥을 먹으려니 싱거워서 주변의 밭에서 풋콩을 몇 개 따 넣었습니다."

하인은 대수롭지 않게 대답했어.

"뭐라고? 네 어찌 남의 콩을 함부로 따오느냐?"

청년은 하인을 야단쳤지. 그러고는 끝내 그 밥을 먹지 않았어.

이황 왈,
"마음은 항상 깨어 있어야 한다."

남의 밭에서 풋콩 몇 개 따는 것은 시골에서 흔히 있는 일이야. 주인이 알아도 흔쾌히 눈감아 줄 수 있는 일이지. 그러나 그런 작은 허물이라도 눈감아 주고 소홀히 하면, 점점 큰 잘못을 저지를 수도 있다는 것이 청년의 생각이었어. 잘못된 것은 크고 작음에 상관없이 마음속에서부터 아예 싹을 잘라 버려야 한다고 말이야.

일의 옳은 것이 '리'다

이 청년이 바로 이황이야. 잘 알다시피 이황은 천 원짜리 지폐에 등장하는 인물이야. 우리에게는 퇴계 선생으로 더 잘 알려져 있지. 이황은 홀어머니 밑에서 자라났어. 어머니는 아버지 없이 자식들을 키우면서 행여나 아이들이 남에게 나쁜 소리를 들을까 봐 엄격하게 교육시켰어.

이황은 여섯 살 때 동네 노인에게 천자문을 배웠고, 열두 살 때는 작은 아버지인 이우(호는 송재)에게서 《논어》를 배웠어. 이우는 안동부사와 강원감사를 지냈어. 이황은 어린 나이에 벌써 훗날 그의 철학의 중심이 되는 리(理)에 대해 자신의 견해를 내비쳤어. 그것과 관련된 일화가 있지.

이황이 작은 아버지로부터 공부를 배울 때 있었던 일이야.

어느 날, 이황이 작은 아버지에게 물었어.

"일의 옳은 것이 리입니까?"

"네가 이미 그 뜻을 이해하게 되었구나."

작은 아버지는 어린 나이에 벌써 리에 대해 깨우친 이황이 기특했어. 이황은 작은 아버지를 스승처럼 섬기고 따랐는데 나중에 과거에 급제하고 벼슬길에 올랐을 때, 이렇게 말했어.

"내가 게으르지 않았던 것은 모두 숙부 송재공이 가르치고 독려해 준 덕택이다."

이황은 33세에 과거에 급제한 후, 여러 관직을 거쳐. 하지만 관직 생활이 순탄한 것은 아니었어. 그래서 가능하면 벼슬을 떠나려고 했고, 학문에 몰두하여 생각하기를 좋아했지.

이황의 학문은 주희의 성리학을 이어받은 것이지만, 학문 자체에만 머물지 않고 특별히 리를 높여 독특한 방향으로 발전시켰어.

특히 후배인 **기대승***과 8년 동안이나 편지를 주고받으면서 논쟁한 것은 역사상 매우 보기 드문 일이야. 그러는 가운데 리를 중심으로 자신의 학문을 전개시켜 갔는데, 그렇게 한 데는 특별한 배경이 있었어.

> **기대승**
> (1527년~1572년)
> 조선 중기의 성리학자. 《주자대전》을 발췌하여 《주자문록》을 편찬하는 등 주자학에 정진하였어. 이황과 12년에 걸쳐 편지를 주고 받았는데, 그 가운데 1559년에서 1566년까지 8년 동안에 이루어진 4단 7정 논쟁은 유학에 지대한 영향을 끼쳤어.

계속되는 사화로 혼란한 세상

이황이 살던 조선 중기는 매우 혼란한 시대였어. 무오·갑자·기묘·을사년에 4대 사화가 일어났지. 특히 을사사화 때에는 이황 자신도 관직에서 물러났고, 감사를 지냈던 이황의 형은 곤장을 맞고 유배를 가다가 후유증으로 죽고 말았어. 이 때문에 이황은 벼슬을 단념하고 시골에 묻혀 살기를 반복했지.

그런데 왜 이런 사화가 일어났을까? 이 사화들은 모두 훈구파와 사림파의 대립으로 일어났어. 훈구파는 조선 건국에 참여하거나 세조 때 왕위 찬탈에 가담하거나 중종반정에 성공하여 왕 주위에서 권력을 휘두르던 신하들이야. 그들은 자신들의 이익을 위해 무리를 지어 다른 사람에게 누명을 씌우고 목숨을 빼앗기까지 했지.

사림파는 조선 건국에 참여하지 않은 선비들로, 올곧고 정의를 지키려고 애쓰던 사람들이었어. 사림파의 맥은 정몽주·길재·김숙자·김종직·김굉필·조광조로 이어지는데, 이들의 제자들이 과거를 통해 점차 정치계에 진출해. 사림파는 개혁을 주장하고 훈구파는 보수적인 입장이었기 때문에 자연스레 조정에서는 사림파와 훈구파의 대립이 생길 수밖에 없었지. 그로 인해 훈구파가 사림파를 몰아내기 위해 일으킨 사건을 사화라고 해.

이런 정치적 배경에서 이황은 인간에 대해 탐구하기 시작했어. 어떻게 하면 욕심을 부리지 않고 순수하고 도덕적인 인간이 될 수 있는지에 대한 문제 말이야. 그 문제를 주희의 성리학 체계 내에서 독창적으로 해석하려고 애썼지.

어떻게 하면 도덕적인 인간이 될 수 있을까?

앞서 배웠듯이 성리학은 이 세상에 있는 모든 만물을 리와 기로 설명하고 있어. 그리고 항상 리와 기가 함께 있다고 여기지. 그런데 이황은 인간에게만 집중하여 리와 기를 설명하고 있어. 그리고 리와 기를 확실하게 구분해야 한다고 생각했어. **그런데 인간의 마음에는 '4단과 7정*'이 있기 때문에 선한 마음과 선하지 않은 마음이 생기는 것이라고 보았지.**

4단과 7정
4단은 《맹자》에 나오는 말로 사람이 착해질 수 있는 마음의 단서야. 불쌍히 여기는 마음, 부끄러워하는 마음, 사양하는 마음, 옳고 그름을 가리는 마음을 뜻해. 7정은 《예기》에 나오는 말로 기뻐하고, 미워하고, 슬퍼하고, 두려워하고, 사랑하고, 미워하고, 욕심내는 일곱 가지 감정을 말해.

그렇다면 4단과 7정은 리와 기 중에 어디에 속할까? 성리학을 완성한 주희뿐만 아니라 기대승, 그리고 훗날 율곡 이이도 4단과 7정은 인간의 마음이므로 기와 관계가 있다고 보았어. 기가 움직여 그런 마음이 생겨났다고 말이야.

그런데 이황은 어릴 때부터 '일의 옳은 것'이 '리'라는 생각을 줄곧 가지고 있었어. 존귀한 리를 기와 연결 짓는 것을 용납하지 않앉지. 이황은 착한 일은 리에서, 착하지 않은 일은 기에서 나온다고 구분했어. 그래서 4단은 리가 움직여 생기는 마음이고, 모두 착한 것이라고 했어. 착하지 못한 마음은 7정과 관계가 있는데 이것은 기가 움직여서 생긴다고 보았지. 그렇다고 7정 자체가 착하지 않다고 단정 짓는 것은 아니야. 착하지 못할 가능성이 있다는 것이지.

이와 같이 이황은 인간 생활에서 착한 것과 착하지 못한 것을 구별하여 순수한 선을 명확히 찾아내고 누구나 착한 사람이 되기를 희망했어.

이황은 경을 유지해 마음이 깨어 있게 만들라고 했어.

4단의 마음을 실천하려는 착한 사람을 '군자'라고 하였고, 7정에 흔들려 착하지 못한 행동을 하는 사람을 '소인'이라 했지.

사실 이황은 리가 움직일 수 있다고 했는데, 이것은 분명 주자학과는 다른 생각이야. 이황이 생각한 리를 오늘날의 관점에서 본다면 '인간의 순수한 도덕 정신'이라고 표현할 수 있어.

깨어 있는 도덕 정신을 유지하자!

이황은 평소 도덕 정신을 잘 보존하기 위해서 항상 '깨어 있는 마음'이 중요하다고 했어. 그것을 한자로 '경(敬)'이라 부르지. 과거 시험을 보러 가는 길에 하인이 남의 밭에서 콩 몇 개를 따 밥을 지었다고 화내며 먹지 않은 것도 도덕적으로 깨어 있는 마음이야. 이와 관련한 다른 일화도 있으니 들어 보렴.

이황이 서울에서 살 때의 일이야. 어느 날 보니 이웃집 밤나무 가지가 자라 자기 집 마당 위에까지 뻗쳐 있는 거야. 마침 밤이 익어 이황의 마당에도 알밤 몇 개가 떨어져 있었어. 이황은 철없는 아이들이 남의 알밤을 주워 먹기라도 할까 봐 얼른 주워서 이웃집 마당 안으로 던져 넣었지.

이런 행동이 바로 깨어 있는 도덕 정신에서 나온 것이야. 비록 하찮은 일이라도 방심하면 나쁜 길로 갈 수 있기 때문이지. 이러한 이황의 학문적 업적과 깨끗하고 청렴한 인품 덕에 많은 제자들이 몰려왔어. 김성일, 유성룡, 정구 등을 포함하여 수백 명의 제자들이 이황을 따랐고, 가르침을 이어받았지. 사람들은 이황의 호를 따서 그의 학문을 퇴계학이라 하고, 또 그 학파를 퇴계 학파 또는 영남 학파라고 불렀지.

경상북도 안동에 있는 도산서원, 퇴계 이황의 학문을 기리기 위해 세운 곳이야.

그런데 퇴계학은 우리나라뿐만 아니라 바다 건너 일본에까지 큰 영향을 주었어. 일본의 학자들이 퇴계의 학문을 따르고 이어갔지. 오늘날, 세계 여러 나라의 학자들 가운데도 이황의 학문을 중요하게 다루고 주목하는 사람들이 있어. 구스모토라는 일본 학자는 이황을 추모하여 아래와 같은 시를 지었단다.

> 평생에 가장 사모하는 퇴계 학풍이여.
> 학문의 순수함은 비길 바 없네.
> 한 편의 언행록(言行錄) 보배처럼 소중히 여겨
> 우러러 연구하는 마음 끝이 없어라.

이황이랑 쑥덕쑥덕

도덕만 잘 지키면 즐겁게 살 수 있나요?

맞아요. 세상 모든 사람들이 도덕만 잘 지켜도 즐겁게 살 수 있을 거예요. 설령 풍족하지 않다고 해도 서로 나누어 가진다면, 즐겁게 사는 데 지장이 없어요. 문제는 도덕을 지키지 않는 사람들이 있다는 것이지요. 그렇다고 해서 내가 이루기 불가능한 도덕만을 부르짖은 것은 아니에요. 오늘날 잘 사는 나라를 보면 굉장히 도덕적이고 이성적인 국민이 많다는 사실이 그것을 증명하고 있어요. 정치가나 국민들이 도덕적이니까 경제적으로도 더 부유하게 되지 않았나요?

책한권으로 이황 읽기

《성학십도》

仁者天地生物之心
인자천지생물지심

인이란 천지가 만물을
생성하는 마음이다.

이 말은 일곱 번째 장인 인설도에 나오는 말로, 송나라 성리학자들이 인을 해석할 때 사용한 말이에요. '인'이란 공자의 대표적 사상이며 맹자가 이어받고 송나라 유학자들이 철학적으로 해석하여 물려받았어요.

《성학십도》는 이황이 성리학의 대가들의 글과 자신의 저술을 적절히 섞어 성리학을 10장의 그림과 함께 풀이한 책이에요. 이황의 마지막 업적이며 전 삶에 걸친 사상의 결실을 나타내고 있어요.

'성학'은 '성인의 학문'이라는 뜻이에요. 따라서 《성학십도》에서 말하는 성학은 이상적 통치자, 지도자가 되기 위한 학문이랍니다. 68세의 이황이 17세의 어린 임금 선조에게 바람직한 지도자가 되기 위한 자세를 자상하게 설명했다는 점에서 성군이 되어 불쌍한 백성을 잘 보살펴 달라는 의미로 올린 글이라고 볼 수 있어요.

'십도'란 태극도 · 서명도 · 소학도 · 대학도 · 백록동규도 · 심통성정도 · 인설도 · 심학도 · 경재잠도 · 숙흥야매잠도의 10가지를 말해요.

《성학십도》는 성리학의 원리와 수행 방법을 그림과 해설로 한눈에 볼 수 있어요. 게다가 나라를 위하는 사업은 물론 유학의 목표와 방법이 모두 갖추어져 있어 그 가치가 높이 평가되고 있어요.

마인드맵으로 한눈에 이황 보기

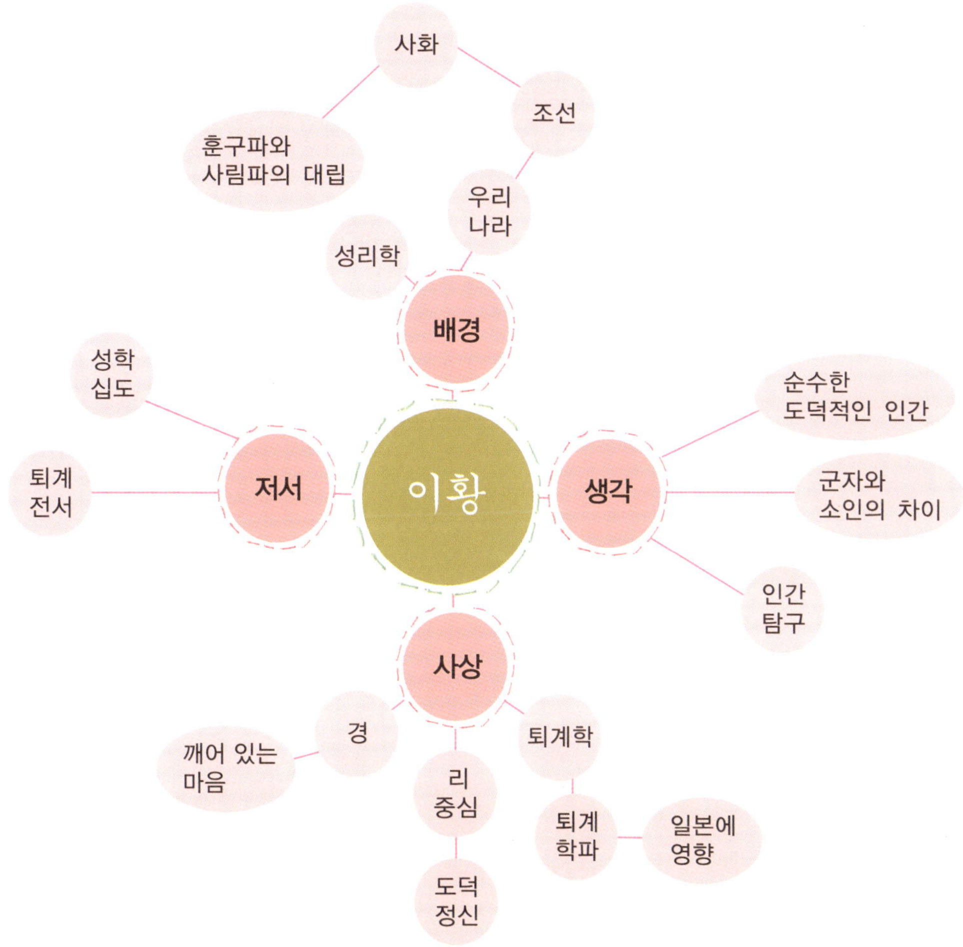

- **이황**
  - **배경**
    - 성리학
    - 훈구파와 사림파의 대립
    - 사화
    - 조선
    - 우리나라
  - **저서**
    - 성학십도
    - 퇴계전서
  - **생각**
    - 순수한 도덕적인 인간
    - 군자와 소인의 차이
    - 인간 탐구
  - **사상**
    - 경
    - 깨어 있는 마음
    - 리 중심
    - 도덕 정신
    - 퇴계학
    - 퇴계학파
    - 일본에 영향

이황이 순수한 도덕적인 인간을 강조하게 된 배경은 무엇인가요?

이황이 살던 당시는 사림파와 훈구파의 대립이 심했어요. 이런 혼란 속에서 이황은 어떻게 하면 인간이 욕심을 버리고 도덕적인 인간이 될 수 있는지에 대해 탐구하게 되었어요. 같은 성리학 내에서도 이렇게 인간 탐구에 집중하면 리를 강조하고, 반면에 서경덕처럼 자연을 탐구하는 학자들은 기를 강조하지요.

11 진정한 선비의 길은 무엇인가?

조식 (曺植) : 1501년~1572년
조선 중기의 성리학자이다. 여러 관직을 제의 받았으나 모두 거절하고 제자를 기르는 데 힘썼다. 당시의 사회 현실과 정치적 모순에 대해 적극적으로 비판하였고, 실천적인 학문 방법을 주장하였다.

조선 중기 때의 일이었어. 경상도 합천 땅에 한 아이가 태어났지. 아버지는 벼슬을 지낸 선비였고, 어머니는 세종 때 압록강 근처에 4군을 개척하고 여진족을 무찌른 최윤덕 장군의 외손녀였어.

어느덧, 아이가 자라 몸가짐이 의젓하고, 궁금한 일이 있으면 반드시 답을 찾아내는 현명한 소년이 되었지.

그런데 소년이 아홉 살이 되던 해, 그만 병이 나 생명이 위독한 지경에 이르렀어. 하지만 소년은 그저 참기만 할 뿐 아프다는 말 한마디 하지 않았어. 어머니가 걱정하며 까닭을 물었어. 그러자 소년이 대답했지.

"사람이 세상에 태어난 이유는 나라를 위해 무슨 일을 하기 위한 것이 아닙니까? 저는 앞으로 크건 작건 나라에 도움이 되는 훌륭한 일을 할 것입니다. 그런데 어찌 몸이 아파 죽는 일로 걱정하겠습니까?"

소년은 병상에 누워 있으면서도 이런 대답을 해 주위 사람들을 놀라게 했지.

조식 왈,
"이론만 백날 떠들어 봤자
실천하지 않으면 쓸모가 없다."

국가나 역사에 대해 사명감을 가지고 있는 사람들의 공통점은 이처럼 자신이 죽고 사는 일에 의연하게 대처한다는 거야. 목숨을 함부로 여기지도 않지만 위험한 일을 당해도 두려워하지 않지. 이 소년도 큰 병에 걸려 목숨이 위태로웠지만 이와 같이 의연한 모습을 보였어.

꼿꼿한 선비의 삶을 살다

이야기 속의 소년은 바로 남명 선생으로 알려진 조식이야. 조식은 과거 시험에 합격하고도 벼슬길에 나가지 않았어. 평생 벼슬길을 단념하고 학문을 닦으며 제자들을 가르치면서 처사로 살았지.

그 뒤 조정에서 벼슬을 주어도 나가지 않았고, 또 계속 더 높은 벼슬을 준다 해도 모두 사양했어. 대신 조정의 잘못된 정치에 대해서는 주저 없이 비판했지.

명종이 열두 살의 어린 나이로 왕위에 올라 그의 어머니인 문정 왕후가 뒤에서 정치를 조종할 때의 일이야. 조식은 임금이 불렀지만 벼슬길에 나가지 않았어. 대신 임금에게 계속 상소*만 올렸지.

그 상소문 가운데 이런 말이 있었어.

"아녀자에게 정치를 맡기면 안 됩니다. 전하께서 좋아하시는 것이 학문입니까? 풍류와 여색입니까? 군자를 좋아하십니까? 소인을 좋아하십니까? 전하께서 좋아하시는 것에 따라 나라의 존망이 달려 있습니다."

여기서 아녀자란 명종의 어머니인 문정 왕후를 뜻해. 직접적으로 문정 왕후를 가리

***상소** 임금에게 올리는 글

키는 상소를 올린 조식의 용기 있는 행동에 감탄한 많은 선비들이 조식을 스승으로 받들었지.

학문은 실천이 중심이 되어야 한다

그렇다면 조식은 무엇 때문에 벼슬을 포기하고 꼿꼿한 선비로 살았을까? 재미있게도 조식은 서경덕, 이황과 같은 시대에 산 인물이야. 이황과는 같은 해에 태어났지. 당시 사람들은 벼슬을 마다한 서경덕·조식·성운을 '3처사'라고 불렀어.

조식은 이론적으로 깊이 파고드는 학문보다는 간단하고 명쾌하면서 실천을 강조하는 학문을 추구했어. 이러한 배경에는 주자학이 이론적으로는 더 이상 밝힐 것이 없으니, 이제 남은 것은 백성을 위한 실천뿐이라는 생각이 있었기 때문이야. 이론만 백날 떠들어 봤자 실천하지 않으면 아무 쓸모 없다고 본 것이지.

조식의 가문과 주위 선비들의 기질도 한몫했어. 강직한 성품을 지닌 아버지와 기묘사화 때 화를 당한 숙부, 연산군 때 사화를 당한 조지서의 누이인 할머니의 영향이 있었지. 또 불의를 보면 자신에게 닥칠 위험이나 이해 관계를 따지지 않는 주위 선비들의 영향을 받아 임금이라고 해도 직언을 서슴지 않았던 거야.

더구나 조식이 연구한 학문에는 노자와 장자를 비롯하여 양명학·병법·천문·지리·역법 등 실천적인 면을 많이 가지고 있었어. 특히 양명학은 '지행합일'을 주장하여 '아는 것과 행동하는 것이 하나'라는 것을 강조했어.

조식이 제자들을 가르쳤던 산천재, 경상남도 산청군에 있어.

특히 병법·천문·지리·역법은 국토 방위와 실생활에 깊은 관계가 있는 학문이야. 당시는 남해나 서해안에 왜구가 자주 침략했고, 또 조식이 사는 곳이 남해안과 가깝기 때문에 이런 학문의 필요성을 더욱 강조하게 되었어.

나아가 조식은 백성들을 위하여 먼저 실천에 앞장서는 것을 매우 중요하게 생각했어.

방울과 칼로 나를 다스리자

그렇다면 조식은 무엇을 진정한 선비의 길로 여겼을까? 무엇보다 경과 의를 강조한 점에서 답을 찾을 수 있어. 이것을 잘 나타낸 이야기가 있으니 들어 보렴.

조식은 항상 몸에 방울과 칼을 지니고 다녔어. 몸이 흔들려 방울 소리를 들을 때마다 늘 자신의 흐트러진 몸가짐을 바로 하고, 칼을 볼 때마다 자신의 신념을 지키기 위해서였지.

그의 칼에는 이런 글씨가 새겨져 있었어.

'마음 안을 밝히는 것이 경이요, 밖으로 결단성 있는 것이 의이다.'

먼 훗날, 죽기 전에 조식은 방울은 김우옹, 칼은 정인홍이라는 제자에게 주었지.

조식은 경의 상징인 방울, 의의 상징인 칼을 늘 몸에 지니고 다녔어.

이 이야기의 방울과 칼에서 우리는 조식의 깨어 있는 마음과 실천에 대한 강한 의지를 읽을 수 있어. 원래 유학은 처음부터 끝까지 '자기 몸을 닦아 남을 다스리자.'고 주장해. 여기서 자기 몸을 닦는 데 필요한 정신이 바로 '경'이야. 주희도, 이황도 경을 강조했어. 조식의 경우는 경을 더욱 특별하게 보았어. **경이란 깨어 있는 마음뿐만 아니라 자기 자신에게도 엄격하게 대하는 태도라고 생각했지.**

남을 다스리는 데 또 하나 필요한 정신은 '의'야. 오늘날 식으로 보면 의는 '올바르게', '정의롭게', '공정하게' 행동하는 것을 말해.

또 조식은 벼슬길에 나가고 물러가는 데 엄정한 원칙이 있어야 한다고 보았어. 올바른 선비라면 벼슬이나 재물을 탐내서 관리가 되어서는 안 돼. 또 정치를 할 능력이 있다고 해도 함부로 나서면 안 돼. 왜냐하면 권력자 앞에서 자기의 뜻을 펼치지도 못한 채 이용당할 수 있기 때문이야.

그래서 조식은 백성들에게 온전히 도움이 될 수 있을 때 벼슬길에 나가야 한다는 원칙을 고수했어. 벼슬이 싫다고 노자나 장자처럼 세상을 등지고 숨어 사는 것도 좋아하지 않았지. 이러한 이유로 조식은 당시 줏대 없이 벼슬살이를 하는 선비들을 비판하기도 했어. 백성들은 굶주리고 세상은 어지러운데 선비들이 현실을 외면하고 고상한 이론이나 떠들면서 명성만 얻으려 한다고 말이야. 이러한 그의 고매한 정신을 보면 학문적으로 이론보다는 실천을 앞세운다는 것을 알 수 있어.

나라의 위기에 앞장선 제자들

이렇듯 조식은 정치에 직접 참여하지 않았지만, 올바른 정치를 행한 훌륭한 제자를 많이 배출했어. 조식의 대표적인 제자들을 살펴보면 정구·곽재우·정인홍·김우옹·이제신·김효원·오건·강익·문익성·박제인·조종도·곽일·하항 등을 꼽을 수 있어.

조식의 제자들은 나라가 위기가 닥쳤을 때 몸소 앞장서 싸웠어. 임진왜란이 일어나자 의병 활동을 전개해 투철한 애국심을 지닌 선비 정신을 보여 주었지. 이들 가운데는 의병장으로 활약한 사람이 57명이나 나왔어. 특히 정인홍과 홍의 장군 **곽재우*** 의 활약이 잘 알려져 있지. 이들은 원래 글공부를 한 선비들이었어. 하지만 조식이 평소 제자들에게 글만 읽기보다는 백성을 위해, 나라를 위해 실천하는 학문을 해야 한다고 강조하였기에 나라가 위급할 때 큰 공을 세울 수 있었던 거야. 특히 율곡 이이는 정인홍에 대한 칭찬을 아끼지 않았어. 다음은 율곡 이이가 정인홍에 대해 쓴 글이야.

곽재우
(1552년~1617년)

조선 중기 임진왜란 때의 의병장이야. 1858년 과거 시험에 급제하였으나 답안지에 왕의 뜻에 거슬린 글귀가 있어 합격이 취소되었어. 이 일로 과거를 포기하고 은거하다가 1592년 임진왜란이 일어나자 의병을 일으켰어. 이때 홍의(붉은 옷)를 입고 선두에서 많은 왜구를 무찔러서 '홍의 장군'이라고 불렸어.

정인홍이 사헌부에서 근무할 때 나라의 풍속과 정치가 바로잡혔다. 또 정인홍이 규정을 엄격하게 지켜 조정 대신들마저도 조심하게 만들었다. 심지어 시장 상인들도 나라에서 금지하는 물건을 몰래 내다 팔지 못했다.

어느 날, 국경을 지키던 병사가 휴가를 나와서 "도대체 정인홍이 누구이기에 그 위엄이 변방까지 퍼져서, 장수부터 고을 사또까지 두려워하고 삼가는가? 참으로 대장부로다."라고 했다.

정인홍이 한때 휴가를 얻어 잠시 고향에 내려가자, 서울에 있던 깡패나 건달들은 모두 기뻐하며 살판이 났다고 좋아했다.

임진왜란이 끝나고 선조 임금이 의병장으로 활동한 공을 인정하여 정인홍을 사헌부의 대사헌에 임명하자 반대파들이 정인홍을 모함하는 상소를 올렸지. 그러자 선조는 "어찌 감히 정인홍을 모함하려 하는가? 정인홍의 사람됨은 날짐승과 길짐승, 풀과 나무까지도 다 안다."라고 하면서 모함을 물리쳤어.

　이렇듯 조식과 그의 제자들은 올곧은 선비로서 관직이 있든 없든 나라와 사회에서 자신들의 역할을 다했지. 그러나 인조가 광해군을 몰아내고 정권이 바뀌자 정인홍은 89세에 영의정의 위치에 있다 억울하게 목숨을 잃었어. 게다가 정인홍이 조식의 제자였기 때문에 조식의 학문마저 위기를 맞았고, 조식을 따르던 제자들과 그 지역 출신의 선비들도 점차 벼슬길에서 밀려났어. 또한 광해군 때는 서경덕의 제자들도 정치에 관여했는데, 이들 역시 인조반정 이후에는 관직에서 멀어지고 서경덕의 학문 또한 영향력을 잃었지.

　이렇듯 조선 시대에는 정치와 학파가 깊숙이 연결되어 있었고, 정치의 승패에 따라 후세에 미친 학파의 영향력이 달라졌어. 우리가 역사를 제대로 공부하고 평가해야 하는 이유가 바로 여기에 있지.

조식이랑 쑥덕쑥덕

나라를 위해 일해야만 진정한 선비인가요?

진정한 선비가 되는 길은 《대학》이라는 책에 나와 있어요. 선비의 일은 우선 자기 몸을 바르게 닦아 가정을 잘 이끌고, 나아가 나라를 잘 다스리며, 더 나아가 천하를 평화롭게 하는 것이에요. 그러나 관직이 없으면 제자를 키우거나 세상을 위한 진리를 탐구해야 해요. 세상이야 어떻게 돌아가든 상관없이 잠자코 있으면 진정한 선비가 아니지요. 그러니 결국 사회와 국가 그리고 더 나아가 인류를 위해 노력하는 것이 진정한 선비의 일이에요. 내가 살았던 때는 나라가 바로 서지 못해서 나라를 위해 해야 할 일을 강조한 것이에요.

책 한 권 으로 조식 읽기

《남명집》

高尙之士 不可以不在其位 而安然放意 無所事也
고상지사 불가이부재기위 이안연방의 무소사야
훌륭한 선비는 벼슬이 없다고 해서 편안하게
마음을 놓고 하는 일이 없어서는 안 된다.

훌륭한 선비는 관직이 있든 없든 늘 마음을 긴장시켜 국가와 사회에 대하여 올바른 도리를 다해야 한다는 뜻이에요. 이 말은 조식이 벼슬은 하지 않았지만 사회를 비판적으로 보면서 지식인의 몫을 다한 것과 관계가 있어요.

《남명집》은 조식의 문집으로, 크게 〈시문집〉과 〈학기류〉 편으로 나누어 볼 수 있어요. 〈시문집〉은 조식이 직접 지은 시와 글을 모아 편찬한 것이고, 〈학기류〉 편은 조식이 책을 읽다가 공부하는 데 필요한 글을 뽑아 기록한 것을 제자 정인홍이 종류별로 모아 편찬한 것이에요.

그런데 이 책은 여러 가지 판본이 있어요. 이렇게 판본이 많은 이유는 광해군 때 영의정을 지내다가 인조반정 때 역적으로 몰려 죽은 정인홍의 흔적을 지우기 위해서였어요. 또 조식의 학덕에 해가 될 만한 문자를 고치는 차원에서 진행되었다고 해요. 이것은 조식을 높이자는 의도였으나 결과적으로 조식의 참모습을 변질시키고 말았지요. 〈학기류〉 편은 남의 글을 뽑았으므로 크게 달라지지 않았으나, 〈시문집〉은 조식이 직접 쓴 것이라 상황에 따른 판본이 생겼어요.

후세에 전해진 것은 대부분 승자의 기록이니, 우리는 그 기록의 본래 의도와 숨은 뜻을 읽어내는 지혜가 있어야 해요.

마인드맵 으로 한눈에 조식 보기

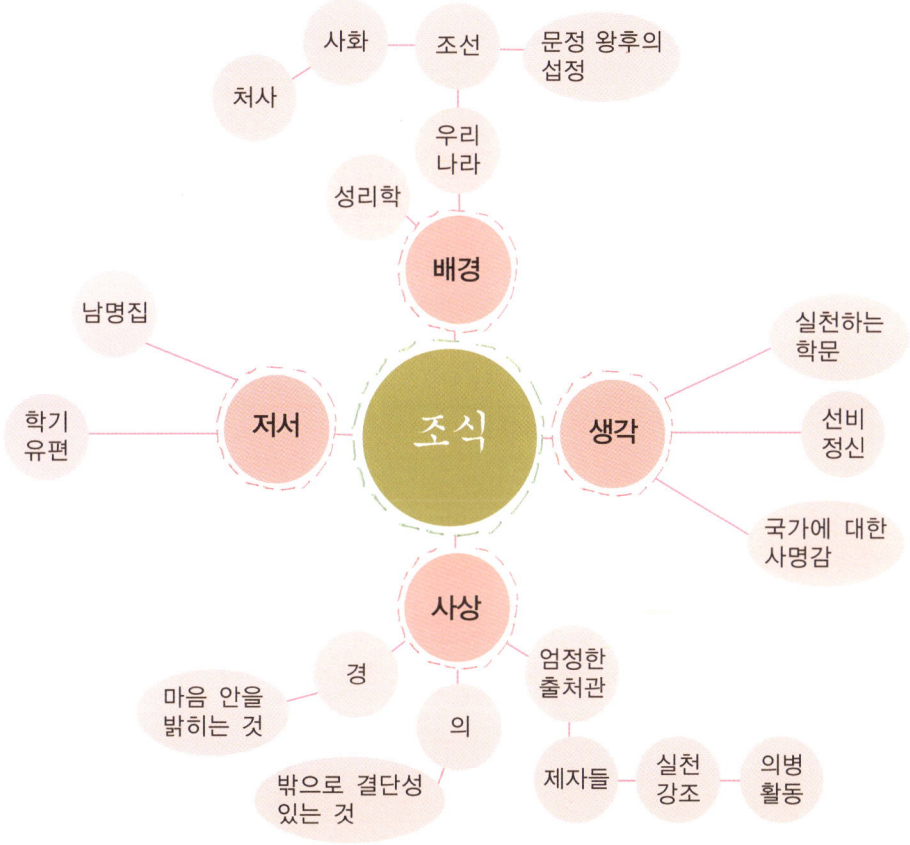

조식이 생각하는 선비의 역할을 오늘날의 입장에서 말한다면?

 조식은 선비 정신이 무엇인지 잘 보여 주었어요. 그렇다면 오늘날 선비란 어떤 사람일까요? '양심적인 지식인'이라 말할 수 있을 거예요. 양심적인 지식인이란 먼저 사회와 국가에 대한 사명감을 가져야 해요. 즉 국가나 사회가 잘 되도록 열심히 일도 해야 하지만 비판도 해야 하지요. 그리고 양심적 지식인은 무엇보다 자기가 알고 있는 것을 실천해야 해요. 행동으로 보여 주지 못한다면 참된 지식인이라 할 수 없어요.

12 어떻게 하면 백성들이 잘 살 수 있을까?

정약용 (丁若鏞) : 1762년~1836년
조선 정조 때의 학자 겸 문신이다. 문장과 경학에 뛰어난 학자로 실학을 계승하고 집대성하였다. 천주교 박해 사건인 신유사옥에 휘말려 전라남도 강진으로 유배 갔다가 18년 만에 풀려났다.

조선 정조 때의 일이었어.

경기도 관찰사 서용보는 아첨을 일삼는 자들과 짜고 백성들을 상대로 온갖 악행을 일삼고 있었어. 그들은 풍수지리를 믿는 마을 사람들에게 그들이 살고 있는 땅이 나쁘다고 속여 다른 곳으로 이사를 가게 한 다음, 그 땅을 모두 서용보의 땅으로 만들어 버렸어. 또 서용보는 관청에서 보관한 곡식을 백성들에게 빌려 주고, 되받을 때는 높은 이자를 쳐서 폭리를 취하기도 했지.

이 소식이 궁궐로 전해지자, 정조는 암행어사를 보내 실상을 살펴보게 했어. 암행어사가 마을에 도착했을 때는 해가 서산으로 기울 무렵이었는데 이상하게 조용하고, 저녁밥 짓는 연기가 피어오르지 않았어. 자세히 들여다보니 마을 주민들은 다 허물어진 집에서 해진 옷을 입고 추위에 떨고 있었어.

암행어사는 그곳의 실정을 파악한 다음, 궁으로 돌아가 서용보 일당의 횡포와 수탈을 낱낱이 폭로했어.

정약용 왈,
"인간의 본성은 기호다."

이 이야기는 실학의 집대성자로 알려진 다산 정약용이 34세에 경기도 암행어사로 갔을 때 있었던 일이야. 정약용은 28세 때 과거에 합격하고 관리가 되어 열심히 일했어. 한강에 배다리를 놓고 수원 화성을 설계하고 거중기를 발명한 것이 모두 정약용의 업적이지. 특히 정조의 총애를 받아 높은 벼슬자리에 오르기도 했어. 경기도 암행어사도 정조가 지시한 일이었어. 그런데 정조가 죽자 정약용을 공격하는 사람들이 많아졌어. 그러는 와중에 정약용은 천주교를 믿었다는 억울한 누명을 쓰게 돼. 그런데 그 누명이 가까스로 풀리려는 순간, 정약용에게 앙심을 품은 서용보가 방해를 했어. 그 때문에 정약용은 결국 18년 동안 전라도 강진 땅에서 유배 생활을 했지.

실학은 조선 후기에 일어난 학풍으로 백성들의 실생활에 도움이 되는 학문을 말해. 실학은 토지 제도·과학 기술·농업·상업·신분 제도·역사·지리·언어·군사·교통·정치·의학 등 우리가 살아가는 데 도움이 되는 분야를 연구하는 학문이야. 정약용은 실학을 먼저 공부한 홍대용·박제가·박지원 등의 뒤를 잇고, 특히 유형원과 이익의 학문을 이어서 18년간의 유배 기간 동안 실학에 관한 많은 책을 남겼어.

그런데 정약용의 실학에 관심은 어디에서 비롯되었을까?

백성들의 고달픈 삶을 어루만지다

사실 실학은 임진왜란과 병자호란을 겪으면서 본격적으로 일어났어. 집권층은 주자학적 예법을 강화시켜 흐트러진 민심을 수습하려고 했지만, 또 다른 한편에서는 백성들의 실생활에 유용한 학문을 통해 문제를 해결하려고 했지. 이들이 바로 실학파야. 실학파는 주로 당쟁에서 밀려난 서울 근교의 선비들을 중심으로 형성되었어. 정약용도 그중 한 명이야. 아버지 정재원은 영조 때 사도 세자(장헌 세자)가 반대파의 공격을 받아 참혹하게 죽자 곧장 관직을 버리고 고향으로 돌아온 사람이지. 정약용은 이런 환경 속에서 실학에 관심을 갖게 되었어.

게다가 정약용은 암행어사로 다니면서 백성들의 비참한 현실을 직접 목격해. 굶주리고 헐벗은 백성들을 보면서 더욱더 '백성을 위하는 길은 무엇인가?' 하는 문제에 관심을 가지지. 다음은 정약용이 쓴 글의 일부인데, 정약용의 관심을 짐작할 수 있으니 잘 읽어 보렴.

정약용은 평생을 백성을 위해 실학 연구에 힘썼지.

어느 마을을 지나다 보니 백성들의 얼굴에 핏기가 하나 없었다. 얼마나 먹지 못했는지 백성들의 살림살이를 조사해 보았다. 우선 장독을 열어 보니 그 속에 소금 한 톨 남아 있지 않았다. 또 뒤주를 들여다보니 쌀 한 톨도 없었다.

관청에서는 세금을 내라고 큰 솥, 작은 솥 심지어 숟가락, 젓가락까지 다 빼앗아 갔다. 빚을 갚기 위해 자식들은 이미 남의 집 종으로 팔려 갔다. 농부들은 하나같이 한탄했다.

"이제는 내 아내도 사 갈 것인가? 내 가죽 다 벗기고, 뼈마저 부수려나?"

백성을 위하는 길은 무엇인가?

정약용은 이런 모습을 보고 마음속으로 관리들의 횡포를 탄식했어.

"백성의 부모여, 사또여! 백성들은 몹시도 고통스러운데 이렇게 고기 먹고, 쌀밥 먹고, 사랑방에 기생 두어 연꽃같이 곱구나!" 하고 말이야.

양심적인 관리라면 당연히 이러한 농민들의 사정을 개선하려고 노력할 거야. 정약용이 백성을 위하게 된 이유 가운데 하나는 농민들의 비참한 삶 때문이었어. 정약용은 생전에 수많은 저서를 남겼는데 그중 《목민심서》는 지방 관리들의 잘못된 사례를 들어 백성들을 올바르게 다스리는 도리를 설명하는 내용이야.

> **서학**
> 조선 후기 중국을 통하여 조선에 들어온 서양의 천주교와 과학을 말해. 당시 조선의 실학자들은 주로 서양의 과학만 받아들이자는 입장이었어. 집권층은 천주교를 박해하고 이를 비판하는 자들을 천주교 신자로 몰아 처형하기도 했지. 정약용도 그 희생자였어.

정약용은 집안 사람들과 친구들의 영향으로 **서학***에 관심을 가지게 돼. 서학에 대한 관심은 자연히 정약용의 철학에 영향을 미쳤고, 이는 실학을 풍부하게 만드는 계기가 되었지. 특히 그의 매부 이승훈을 통하여 서양의 천주교 서적과 아울러 천문학·수학·지구도·자명종·천리경·서양 풍속도 등 여러 선진 문물을 접하게 돼.

이러한 영향과 배경을 통해 정약용은 진정으로 백성을 위한 길이 무엇인지 곰곰이 생각하고, 기나긴 유배 생활 가운데 수많은 저술을 남긴 거야.

인간의 본성은 기호다

그렇다면 이러한 삶을 통하여 형성된 정약용의 철학은 어떻게 변했을까?

우선 정약용은 인간의 본성을 주자학과 다르게 해석했어. 주자학은 '인간의 본성이 곧 하늘의 이치.'라고 했지만, **정약용은 '인간의 본성은 기호(嗜好)다.'라고**

주장했지. 기호란 어떤 이는 커피를 좋아하고, 어떤 이는 녹차를 좋아하는 것과 같아. 따라서 정약용은 인간의 본성은 스스로가 무엇을 좋아하느냐, 싫어하느냐에 따라 결정된다고 본 거야.

인간의 본성에 대한 이야기 하나 들려줄게.

지난 일요일, 철수는 가족과 함께 수원 화성에 놀러 갔어. 수원 화성의 입구 안내판에는 '조선 정조 때 건설된 수원 화성은 정약용이 설계에 관여하였으며, 거중기를 이용했다.'는 내용이 적혀 있었어. 누나는 문화유산을 돌아보며 메모도 하고, 사진도 찍으면서 열심히 견학을 했지. 그런데 철수는 구경하다 보니 슬슬 배가 고파졌어.

"배고파요. 밥 먹고 구경해요."

"얘, 너는 제대로 보지도 않으면서 배만 고프다고 하니? 누나를 봐라. 얼마나 열심이니?"

엄마는 누나와 철수를 비교하면서 철수에게 핀잔을 주었어.

그러건 말건 배고픈 철수는 '에라 모르겠다.' 하고, 메고 온 배낭에서 점심 때 먹을 김밥을 슬쩍슬쩍 꺼내 먹었지.

이윽고 점심 때가 되어 철수가 멘 배낭에서 도시락을 꺼내 보니 김밥이 절반밖에 남지 않았어.

"야! 김철수, 어떻게 된 거냐? 이 나쁜 녀석······."

누나가 화를 내며 때리려 하자, 철수는 '메롱' 하며 도망쳤어.

수원 화성을 쌓는 데 이용된 거중기

정약용 123

이 이야기 속에는 두 가지 기호가 있어. 우선 철수가 배가 고파서 김밥을 먹은 것은 몸과 관련된 기호야. 그러니까 맛있는 음식, 즐거운 음악, 편안한 잠자리를 좋아하는 것도 몸과 관련된 기호이지.

그럼, 엄마는 누나가 열심히 견학하는 것을 좋아하고, 누나는 철수가 김밥 먹는 것에 화를 내는 것은 어떤 기호일까? 이것은 마음과 관련된 기호야. 착한 것을 좋아하고, 나쁜 것을 싫어하는 마음에서 비롯된 것이지.

정약용은 사람에게는 몸의 기호와 마음의 기호, 이렇게 두 가지 기호가 있다고 생각했어. 이것이 정약용이 말하는 인간의 본성이야. 기호는 누구에게나 다 있으니 그 자체가 선도, 악도 될 수 없어. 즉 먹고, 마시고, 즐기는 것과 같은 몸과 관련된 기호는 인간의 본성이기 때문에 나쁘다고 할 수 없어. 이를 확대시키면 양반만이 아니라, 일반 백성들도 잘 먹고 편안히 사는 것이 본성이므로 당연한 일이 돼. 누구나 인간다운 삶과 권리를 가질 수 있다고 보는 거야. 이렇듯 기호를 인간의 본성으로 생각한 정약용의 철학에는 백성을 사랑하는 마음이 담겨 있어.

정약용은 본성이 맹자처럼 선하게 미리 정해진 것이 아니라 인간의 선택적 행동을 통해 만들어진다고 보았어. 왜냐하면 하늘이 인간에게 선악을 선택할 수 있는 '자주적 권리'를 주었기 때문이지.

다시 말해 철수가 잘못된 것은 김밥을 먹고 싶어하는 마음이 아니라, 몰래 김밥을 꺼내 먹는 것을 선택한 데에 있는 거야. 배가 고파도 참고 김밥을 몰래 먹지 않을 수도 있었는데 말이야. 그러니까 착한 행동이든 나쁜 행동이든 자신이 선택한 결과이기 때문에 스스로 책임을 져야 해.

정약용이 18년 동안 유배 생활을 한 것은 안타깝고 불행한 일이지만, 결과적으로는 우리 민족에 득이 되는 훌륭한 문화유산을 남겼기 때문에 다행스런 일이지.

정약용이 남긴 책들 가운데 가장 유명한 《목민심서》에는 백성을 사랑하는 정약용의 마음이 고스란히 남아 있어. 이 책은 베트남의 지도자였던 호치민도 열심히 읽었다고 전해지며, 현재 영어로 번역되어 전 세계에 소개되고 있어. 이제 세계 사람들도 정약용을 알게 될 날이 얼마 남지 않았어.

정약용이랑 쑥덕쑥덕

전 제가 하고 싶은 일을 하면 항상 혼이 나요. 왜 그럴까요?

참 솔직하고 좋은 질문이네요. 자기가 하고 싶은 일을 하는 것은 자기의 기호이자 당연한 권리라고 생각해요. 문제는 하고 싶은 일이 어떤 것이가 하는 것이지요. 질문처럼 항상 혼이 났다면 혼을 내는 어른의 입장에서 볼 때, 어린이의 행동이 옳지 않았다고 판단했기 때문이에요. 그러니 하고 싶은 일을 했는데 혼이 났다면, 그 일을 선택한 데 문제가 있다고 봐야 해요. 선택에는 항상 책임이 따르고, 때로는 잘못된 선택 때문에 혼이 나기도 해요. 선악을 인간 스스로 판단해야 한다면, 어린이는 아직 미숙하기 때문에 어른의 지도가 필요하지요.

책 한 권 으로 정약용 읽기

《목민심서》

修身而後齊家 齊家而後治國 天下之通義也
欲治其邑者 先齊其家
수신이후제가 제가이후치국 천하지통의야
욕치기읍자 선제기가

자신을 닦은 뒤에야 집안을 바로잡고, 집안을 바로잡은 뒤에 나라를 다스린다는 것은 천하의 공통된 이치이다. 그 고을을 다스리는 자는 먼저 그 집안을 바로잡아야 한다.

《대학》에 등장하는 '격물·치지·성의·정심·수신·제가·치국·평천하'에서 수신과 제가와 치국 세 가지만 가져와, 고을을 다스리는 일을 집안을 바로잡는 일과 나라를 다스리는 것 사이에 덧붙여 말했어요.

《목민심서》는 다산 정약용이 백성을 다스리는 수령들이 가져야 할 자세와 마음가짐을 정리한 책이에요.

내용은 모두 12편으로 나누고, 각 편을 6조로 나누어 모두 72조로 구성했어요. 먼저, 제1편의 부임은 수령이 근무지에 가서 처음으로 사무를 처리하기까지 명심해야 할 일, 제2편의 율기는 자기의 몸을 단속하고 자신을 바르게 관리하는 일, 제3편의 봉공은 수령의 가장 초보적이고 기초적인 복무 규율을 설명해요. 또 제4편의 애민은 수령이 백성을 보살피는 일. 그리고 계속해 제5편의 이전, 제6편 호전, 제7편 예전, 제8편 병전, 제9편 형전, 제10편 공전, 제11편 진황, 제12편 해관으로 이어져요.

정약용은 이러한 내용을 여러 책에서 가려 뽑아 서술하면서 각 항목마다 해설을 붙였어요.

마인드맵으로 한눈에 정약용 보기

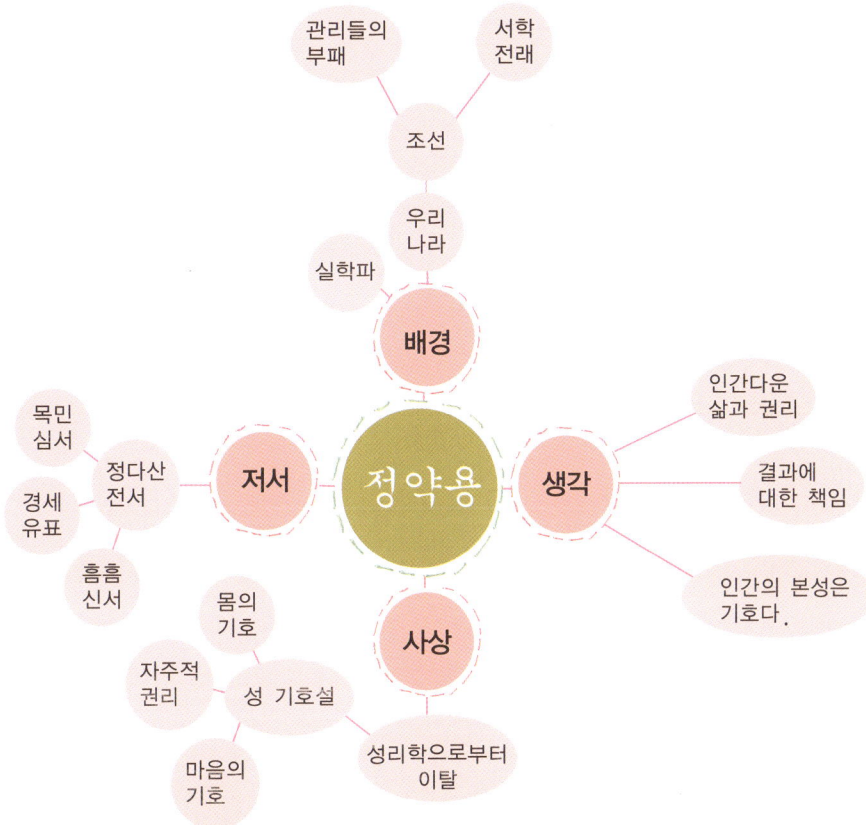

정약용의 사상이 갖는 근대적 의미는 무엇인가요?

성리학은 인간의 본성은 천리로, 자연적으로 정해져 있고 선하다고 고정시켰어요. 그러나 정약용은 인간의 성품은 자기가 무엇을 좋아하느냐에 따라 달라진다고 보았어요. 몸의 기호인 육체를 따를 수도 있고 마음의 기호인 이성을 따를 수도 있는데 어느 것을 따르든 전적으로 책임은 인간 자신의 몫이라는 것이에요. 이로써 인간은 누구의 간섭이나 정해진 운명에 휘둘리는 것이 아니라 스스로 삶을 책임지고 살아가야 한다고 해요.

13 참다운 학문이란 무엇인가?

최한기 (崔漢綺) : 1803년~1877년
조선 후기의 실학자이자 사상가이다. 중국에서 한문으로 발간한 서양 책들을 수입하여 이를 바탕으로 평생을 글 쓰고 연구하는 데 힘썼다. 동양의 철학과 서양의 과학을 접목해 자신만의 독창적인 기 철학으로 발전시켰다.

신미양요 때의 일이었어. 신미양요는 대동강에서 불탄 미국 상선 제너럴 셔먼 호 사건의 진상 규명과 함께 우리나라와 통상 조약을 맺고자, 1871년 미국 해군 함대가 강화도에 쳐들어온 사건이야. 이때 우리 측에서는 강화 진무사로 있던 정기원이라는 장수가 방어를 하고 있었어.

전투가 계속되던 5월의 어느 날, 정기원은 예물과 편지를 서울의 어떤 나이 든 선비에게 보냈어. 편지에는 이런 내용이 적혀 있었지.

"전략이 부족하여 적을 물리칠 수 없고, 질병까지 돌아서 어려움이 많습니다. 이미 흥선 대원군께 말씀드렸으니 선생께서 오셔서 도와주시면 고맙겠습니다."

그러나 선비는 이렇게 말했어.

"나는 이미 늙어 다리도 약해 문밖에도 못 나갑니다. 힘 있는 사람은 힘으로 적을 막고, 학식이 있는 사람은 학식으로 막는 것이 마땅합니다. 궁금한 것이나 쓸 만한 책략을 물어 오면 답해 드리겠습니다. 그리고 흥선 대원군께서도 나 같은 병든 늙은이

최한기 왈,
"우주 만물은 기로 이루어져 있다."

가 서울에 있어야 정신 바짝 차리고 지혜와 꾀를 얻어 큰일에 보탬이 될 것입니다."

그 후 강화도에서 선비에게 또 편지가 왔어.

"오랑캐들이 갑자기 모래를 배 안으로 싣고 있는데, 무엇을 할 작정인지 도무지 모르겠습니다."

선비는 이렇게 답장을 보냈어.

"그것은 저들에게 식수가 떨어져 모래로 물을 걸러서 마시려고 하는 것입니다. 식수가 모자라니 머지않아 스스로 물러날 것입니다."

과연 미군은 우리 군의 거센 저항과 식수 문제로 얼마 뒤, 퇴각하고 말았지.

이 이야기 속의 선비는 바로 조선 후기 실학자이자 철학자인 최한기야. 당시 최한기는 누구보다 서양 과학에 대해 잘 알고 있었기 때문에 정기원에게 올바른 조언을 해 줄 수 있었어.

최한기는 개성 출신으로, 곤양 군수를 지낸 종숙 최광현의 양자로 입양되어 자랐어. 부자였던 양아버지로부터 큰 유산을 물려받은 덕분에 많은 책을 사서 읽을 수 있었어. 특히 남들은 구경도 못 하는 서양 책을 중국에서 다량으로 들여와 읽었어.

23세 때 과거 시험에 합격한 최한기는 무슨 영문인지 벼슬길에 나가지 않고 줄곧 글 쓰는 일에 매달렸어. 그러다가 34세라는 젊은 나이에 중국 베이징에서 《기측체의》라는 책을 출판해. 당시 조선인으로는 드문 일이었지.

세상의 변화에 눈을 떠라

우연의 일치인지는 모르겠지만 서경덕처럼 개성 출신인 최한기도 벼슬을 하지 않고 기에 대한 철학을 완성했어. 최한기가 벼슬길을 마다하고 학문에만 전념한 배경은 다음과 같아.

당시 개성 지방 사람들은 차별 대우를 받고 있어서, 능력이 뛰어나도 하급 관리 정도만 될 수 있었어. 최한기의 양부도 무관이었고, 또 가까운 조상이나 개성 출신 가운데도 무관만 있었던 사실이 이를 잘 보여 주고 있어. 최한기는 무관이 아니라 세상을 경영하는 문관을 꿈꿨는데 이미 그 한계를 깨닫고 벼슬을 단념해 버린 거야.

　또 다른 이유는 **세도 정치*** 때문이었어. 당시는 세도 정권의 권력자와 연줄이 없거나 돈을 주고 벼슬을 사지 않으면 정치를 할 수 없었어. 아무리 실력이 좋고, 뜻이 높아도 이들이 허락하지 않으면 정치에 참여할 수 없었지. 최한기는 이런 시대에 살고 있었어. 그런데 어느 날 그에게 벼슬자리에 나아갈 기회가 찾아왔어. 풍양 조씨가 정권을 잡았을 때의 일이야.

　당시 재상이던 조인영은 최한기의 명성을 듣고 벼슬을 내리려고 했어. 그런데 조인영은 최한기가 서울에 사는 것이 못마땅했어. 민심을 얻으려면 지방에 살고 있는 이름 있는 선비에게 벼슬을 주어야 했기 때문이야. 그래서 몰래 사람을 보내 최한기에게 서울에서 가까운 경기도의 포천이나 파주 등에 잠시 이사를 가도록 했어.

　그런데 최한기는 이렇게 대답했어.

　"명성을 훔쳐 벼슬을 노리는 것은 내가 감히 할 수 없는 일이오."

　그래도 조인영은 최한기를 자기 편으로 끌어들이고 싶어서 과거 시험을 보라고 했지. 그러면 뒤에서 손을 써 합격시켜 준다는 제의였어. 최한기는 대답했어.

　"과거 시험 공부를 그만둔 지가 오래되었소."

세도 정치

임금의 신임을 얻은 특정인 또는 임금의 처가나 외가 사람들이 권력을 독차지하는 것을 세도 정치라 하고, 그러한 정치 권력을 세도 정권이라고 해. 19세기에 들어서 처음에 안동 김씨가, 중반에 풍양 조씨가 정권을 잡았다가 다시 안동 김씨로 정권이 바뀌었어. 조선 후기에는 여흥 민씨가 정권을 잡았지.

최한기는 정당하지 않는 벼슬은 단번에 사양하며 끝내 벼슬길에 나가지 않았어. 자기 뜻을 펼치지 못한 채 권력자에게 이용만 당하는 벼슬자리가 싫었던 거야.

　　그런데 시대는 점점 변하고 있었어. 서양의 배가 우리 바다에 나타나고, 가까운 청나라와 일본은 외국인들이 드나들며 통상을 하고 있었지. 조선만 나라의 문을 굳게 닫고 우물 안 개구리처럼 살고 있었던 거야.

　　최한기는 우리나라가 시대에 뒤떨어진 것은 우리의 학문이 적절치 않기 때문이라고 보았어. 변화하는 세상을 제대로 보고 대처할 수 있는 학문이 필요하다고 느낀 것이지. 서양에서 들여온 과학책을 보면 기존에 알고 있던 사실과는 몹시 달랐거든. **그래서 최한기는 참다운 학문이란 실제 사실에 바탕을 두어야 하며, 백성들의 삶에 이로워야 한다고 생각했지.**

기가 학문의 중심이 되어야 한다

　　그렇다면 최한기가 생각하는 시대적 상황에 맞는 참다운 학문이란 무엇일까?
　　그의 학문적 성격을 잘 나타내는 이야기가 있어.

　　조선 후기, 개화기 때의 일이었어. 어떤 사람이 병에 걸렸는데 전국의 이름난 의원을 모두 불러서 병을 고치려 했지만 아무 소용이 없었어.
　　그러자 지푸라기라도 잡는 심정으로 무당을 불러 굿을 했어. 무당은 나쁜 귀신이 병을 일으켰으니 귀신을 달래야 한다면서 굿을 했지. 하지만 병은 나아지지 않았어.
　　이번에는 풍수쟁이를 불러 보았어. 풍수쟁이는 조상의 무덤 터가 좋지 않아서 병이 든 것이니 조상의 무덤을 옮겨야 한다고 말했지. 집 주인은 풍수쟁이의 말대로 무덤을 옮겼지만 여전히 병은 낫지 않았어.
　　이번에는 점쟁이를 불렀어. 점쟁이는 당분간은 아플 운명이라면서 곧 나을 거라고 말했어. 그러나 병은 나아지지 않았지.

또 어떤 종교인이 신을 믿으면 병이 낫는다고 해서 믿음을 가지고 기도했지만 아무 효과가 없었지.

그런데 마침 고을에서 의원을 하다가 서울에서 서양 의술을 익히고 돌아온 사람이 있었어. 그 의원에게 치료를 받고 나자 병은 말끔히 사라졌어.

이 이야기는 당시 우리나라의 시대 상황을 상징적으로 보여 주는 것이기도 해. 기존의 학문으로는 더 이상 나라의 어려움을 해결할 수 없었으니까 새로운 학문이 필요했던 거야.

사람의 몸에 병이 생기는 이유는 여러 가지 원인이 있어. 그 원인을 찾아서 알맞게 치료하면 병은 나을 수 있어.

그러니까 병이 생기는 것은 귀신의 장난도 아니고, 운명 때문도 아니고, 조

최한기는 우주 만물과 우리 몸을 이루고 있는 것을 '기'라고 보았어. 그런데 그 기는 끊임없이 움직이고 변한다고 했어.

상의 무덤 때문은 더더욱 아닌 거야.

최한기는 우주 만물과 우리 몸을 이루고 있는 것을 '기'라고 보았어. 물건도, 사람도, 존재하는 것은 모두 기로 이루어져 있다고 생각했지. 기학이란 기로 이루어진 구체적 사물에 대해 경험을 축적하여 나온 학문이야.

기는 끊임없이 움직이고 변화해. 그래서 기로 이루어진 우주 만물 역시 끊임없이 움직이고 변화하지. 인간 또한 우주의 일부이기 때문에 계속해서 변화하는 성질을 가지고 있어.

최한기는 우주의 일부인 인간이 우주의 운동 변화를 관찰하고 그에 맞게 자신들의 삶을 변화시키는 것이 중요하다고 생각했어. 다시 말해 변화하는 세상에 발맞추어 끊임없이 자신을 발전시키고 변화시키며 살아야 한다고 말이야.

기학만이 참된 학문이다

앞의 서경덕의 철학에서 보았듯이 기는 생기는 것도, 없어지는 것도 아니야. 기는 처음도 끝도 없이 영원히 존재하지. 기는 날씨와 기후, 지구와 행성의 운동에 모두 관여하지. 게다가 기계나 기구, 의학도 모두 기를 이용하는 것이라고 보았어. 문제는 기를 얼마나 아느냐에 따라 인간이 하는 일에 성공과 실패가 결정되지.

그런데 기학이 물질을 다루는 학문이니까 과학에 속할까? 물론 과학은 기학에 포함돼. 그밖에 윤리학, 수학, 기계학, 정치학, 교육학, 공학 등도 기학에 속하지. 그렇지만 기학 자체가 과학이라고 말하긴 어려워. 굳이 말하자면 철학에 가깝지. 왜냐하면 철학은 여러 학문이 밝힌 내용을 종합하는 학문이거든.

최한기는 기학이 참된 학문이라고 생각했어. 기학을 배우면 실생활에 도움이 되기 때문이야. 반면 기독교나 불교, 이슬람교 같은 종교는 참된 학문으로 보지 않았어. 최한기는 신이나 내세, 미신 등을 믿지 않았거든. 물론 성리학이나 양명학도 참된 학문이라고 보지 않았지.

최한기의 기학은 동양의 학문만을 집대성한 것이 아니라 과학 기술과 같은 서양 학문의 장점도 받아들였어. 그래서 기를 중심으로 한 최한기만의 독특한 철학을 완성시켰지. 이러한 점이 현대에 들어서 더욱 최한기의 기학을 주목하는 이유야.

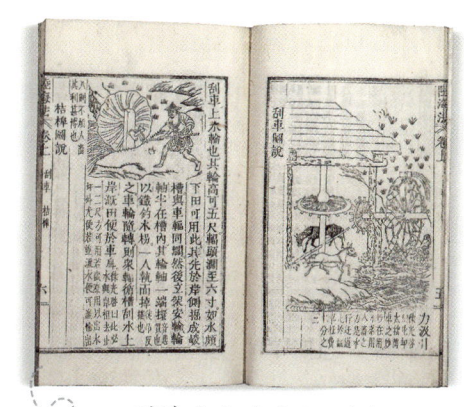

최한기의 저서 《육해법》. 과학적인 농업용 관개 도구를 그림과 함께 설명해 놓았어.

최한기랑 쑥덕쑥덕

> 실생활에 도움이 되지 않으면 학문이 아닌가요?

옛날부터 실생활에 도움이 되는 학문을 '실학'이라고 불렀고, 그렇지 못한 것을 '허학'이라고 불렀어요. 물론 조선 후기 실학이 생기기 이전부터 불렀던 말이에요. 나는 진정한 학문이란 실생활에 도움이 되어야 한다고 생각해요. 물론 직접 도움이 되면 더 좋고 간접적으로 도움이 될 수 있는 것도 좋아요. 그런데 전혀 도움이 안 되는 학문도 있어요. 이것도 세상에서는 학문으로 취급하고 있어요. 그러나 나는 실생활에 어떤 형태로든 도움이 안 된다면 참된 학문으로 보지 않아요.

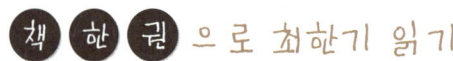

책 한 권 으로 최한기 읽기

《기측체의》

經驗少者 知覺亦少 經驗多者 知覺亦多
경험소자 지각역소 경험다자 지각역다
경험이 적은 자는 앎도 적고,
경험이 많은 자는 앎도 많다.

최한기는 인간이 최초로 아는 것은 눈과 코와 같은 감각 기관을 통한 경험에서 시작한다고 했어요. 위의 문장은 최한기의 주장을 가장 잘 드러낸 부분이에요.

　《기측체의》는 《신기통》(2책 3권)과 《추측록》(3책 6권)을 합쳐서 만든 책이에요. 그러니까 총 5책 9권으로 이루어진 저술이지요.
　그렇다면 이 두 책은 어떤 내용으로 구성되어 있을까요? 그 서문에서 보면 《신기통》은 기의 몸체를 논하였다고 하고, 《추측록》은 기의 쓰임을 다루었다고 해요. 그러니까 《신기통》이 신기의 문제와 감각 기관을 통한 경험의 문제를 다루고 있다면, 《추측록》은 추론을 통한 논리적 인식의 문제를 다루고 있지요. 한마디로 최한기의 철학이 압축되어 있는 저술이에요.
　특히 인식론 분야에 있어서 전통 학문의 그 어느 저술도 이와 같이 과학적으로 잘 설명한 것이 없어요. 그것은 최한기가 서양 과학을 받아들였기 때문에 가능한 일이에요.
　《기측체의》는 최한기의 나이 34세에 저술한 초기의 야심작이에요. 그 이후에도 수많은 책을 썼지만, 어떤 책보다 의미가 커요. 그에게는 새로운 학문을 세웠다는 커다란 자부심과 긍지가 되었고, 한국 철학사에는 소중한 유산을 남겨 주었지요.

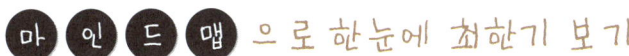 으로 한눈에 최한기 보기

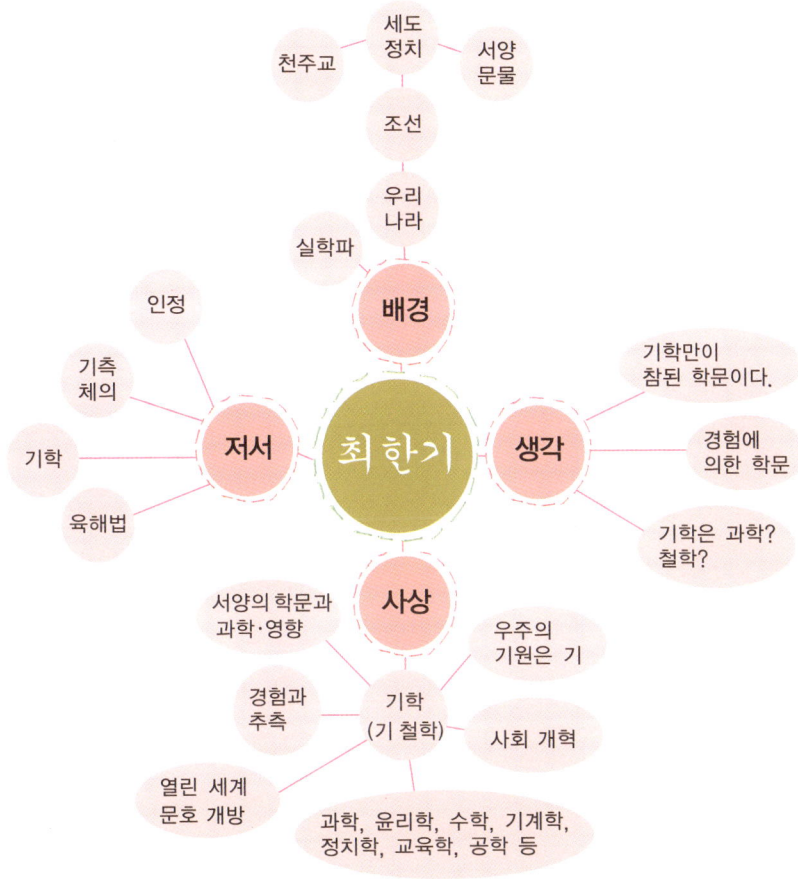

최한기의 기학은 어떤 학문인가요?

최한기의 기학은 서양 과학과 전통 철학이 만나서 이뤄진 거예요. 그리고 기학은 기가 학문의 중심이면서 과학, 윤리학, 수학, 기계학, 정치학, 교육학, 공학 등을 포함하고 있어요. 기를 중심으로 이런 학문들을 통합하고 있으니 오늘날의 입장에서 보자면 종합 학문이라고 말할 수 있지요. 한마디로 기를 중심에 둔 철학이에요.

14 모두가 평등한 새 세상은 어디에 있을까?

최제우 (崔濟愚) : 1824년~1864년
'사람이 곧 하늘'이라는 평등 사상을 담은 동학을 창시하여 농민, 천민, 유생에 이르기까지 광범위한 계층의 지지를 받았다. 1864년 동학을 사학으로 간주한 정부에 의해 체포되어 참형되었다.

1855년 어느 봄날, 살구꽃이 만발한 오후였어.

경상도 울산 어떤 마을의 여시바윗골 근처에서 수련을 하고 있던 한 젊은이가 따뜻한 봄볕에 책을 보고 있었지. 이때 문득 눈을 들어 보니 맑아 보이는 사람이 서 있었어.

젊은이가 무슨 일로 찾아왔느냐고 물었더니, 그 사람은 다음과 같이 말했어.

"제가 금강산 유점사에서 백일기도를 드렸지요. 기도가 끝나는 날 뜰 아래의 탑 위에 책 한 권이 놓여 있었습니다. 아무리 봐도 무슨 책인지 몰라 세상에 돌아다니며 물어보았으나 아는 사람이 없었습니다. 그러던 중 선생의 소문을 듣고 찾아왔습니다."

젊은이가 그 책을 펼쳐 보니 유교의 책도 불교의 책도 아니었어. 언뜻 보기에도 해석하기 어려운 책이었어. 젊은이가 머뭇거리고 있으니, 그 사람은 "제가 사나흘 시간을 드리겠으니, 그 사이 자세히 살펴봐 주시기 바랍니다." 하고 물러갔어.

그 사람이 사흘 뒤 다시 찾아오자 젊은이가 말했어.

"이 책의 내용을 알았습니다."

최제우 왈,
"모든 사람은 평등하다."

그러자 그가 밝은 얼굴로 환하게 웃으며 말했어.

"이 책은 참으로 선생의 책입니다. 저는 다만 전할 따름입니다. 이 책의 내용을 아셨으면 그대로 실천하십시오."

이렇게 말하고 몇 걸음 물러가기도 전에 사라졌어.

젊은이는 그 사람이 보통 사람이 아님을 깨달았지.

이 이야기는 동학을 만든 최제우가 실제로 겪은 일이야. 그 책이 무슨 책인지 지금 전해지지는 않지만, 최제우는 이 일을 통하여 동학을 만드는 데 큰 힘을 얻었지.

동학이란 무엇일까?

여기서 동학이란 무엇일까? 동학에 대해 설명하기 전에 질문을 하나 할게. 어린이날을 만든 사람은 누구일까? 또 3·1 운동 때 민족 대표 33인 가운데 천도교 출신은 몇 명이나 있을까?

동학은 최제우가 만든 우리 민족의 종교야. 3대 교조인 손병희 선생 때 동학이라는 명칭을 천도교로 바꾸었어. 3·1 운동 당시 민족 대표 33인 가운데 천도교 출신은 15명이었어.

> **방정환**
> (1899년~1931년)
> 아동 문학가. 한국 최초의 순수 아동 잡지 〈어린이〉 등의 창간을 비롯 잡지를 편집·발간했어. 창작뿐 아니라 번역, 번안 동화와 수필과 평론을 통해 아동 문학의 보급과 아동 보호 운동에 힘썼어.

어린이날을 만든 **방정환*** 선생은 손병희 선생의 사위로, 아동 운동가이자 천도교인이었어. 그러니까 모두 동학과 관계있는 사람들이야.

최제우의 아버지는 과거 시험에 9번이나 낙방한 경주 지방의 선비였어. 아버지는 매우 가난했는데 부인을 둘이나 병으로 잃었어. 그 뒤 세 번째 부인을 얻었는데, 바로 최제우의 어머니야. 젊은 나이에 과부가 된 최제우의 어머니는 나이 든 최제우의 아버지와 두 번째 혼인를 한 거야. 당시는 과부가 다시 혼인하는 것을 나라에서 금지했고, 과부가 새로 혼인해 낳은 자식은 벼슬길에도 오르지 못했던 시기였어. 그러니까 최제우는 태어날 때부터 벼슬길이 막힌 차별받는 세상에 태어난 거지.

스무 살이 된 최제우는 장사를 하면서 전국을 두루두루 돌아다녀. 그러는 동안 나라 안의 여러 모습을 통해 관리들의 횡포와 타락한 민심 등 잘못되어 가는 세상을 보았지. 그러다가 10년간 떠돌던 여행을 그만두고 집으로 돌아와 수련 생활을 시작해. 그 뒤 신비한 종교 체험을 통해 동학을 만들고 본격적으로 포교 활동을 시작했어.

세상의 어떤 종교든 성공하려면 이론도 중요하지만, 신비한 체험이나 기적이 있어야 해. 그래야 사람들이 믿고 따르지. 최제우에게도 신비한 일이나 기적이 꽤 있었어. 다음 일화는 그 가운데 하나야.

하루는 고을 원님의 부인이 병이 나자 심부름꾼이 최제우를 찾아왔어.
"선생께서는 약을 쓰지 않고도 병을 고치신다고 들었는데, 부적 한 장만 그려 주시기를 부탁합니다."
최제우는 아무 말도 않고 있다가, 잠시 뒤 짧게 대답했어.
"병이 차도가 있을 것이니 가 보도록 하시오."
심부름꾼이 돌아가 원님께 그 사실을 전하니 원님이 말했어.
"이미 아내의 병세가 좋아졌다."

최제우가 만든 동학은 그의 수제자인 2대 교조 최시형 때에 이르러, 전국적으로 널리 퍼져 막강한 세력을 키웠어. 급기야 1894년 충청도·전라도·경상도 지방을 중심으로 한 동학 농민 운동으로 발전하지.

새로운 세상을 꿈꾸다

그런데 최제우는 어떤 배경에서 동학을 만들게 되었을까? 그리고 빠른 시간에 동학이 전국적인 종교로 발전하게 된 이유는 무엇일까? 유교는 본래 백성을 위하는 정치를 주장하는 학문이지만 왕실과 외척들은 유학의 가르침에 아랑곳하지 않고 벼슬을 팔아 자기 잇속을 챙기기에 바빴어. 과거 시험은 있으나 마나 한 것이었지. 최제우의 아버지가 9번이나 낙방한 것도 실력이 없어서가 아니라, 부정 부패가 심해 과거 시험이 공정하지 않았기 때문이야. 이 모든 것이 세도 정치 때문이었어.

돈을 주고 벼슬을 산 관리들은 본전을 뽑기 위해, 또는 개인의 재산을 늘리거나 출세하기 위해 서울의 권력가에게 뇌물을 주느라 백성들에게 가혹한 세금을 거두어들였어. 점점 힘없는 백성들만 고달파졌지.

게다가 서양에서 들어온 천주교는 당시의 풍습과 갈등을 일으켰고, 그것을 빌미로 조정에서 천주교 신자들을 탄압하고 처형하자 민심은 더욱 흉흉해졌어. 또 청나라가 서양 제국과의 전쟁에서 졌다는 소식도 들려 와 백성들의 불안은 더욱 커졌지.

이렇게 백성들이 살기 힘들고 의지할 곳 없어 할 때 최제우는 '모두가 평등하게 잘 사는 새로운 세상이 열린다.'는 희망을 주고, 백성들을 고통에서 벗어나도록 이끌었어. 그런 정신은 이미 그의 이름 '제우' 속에 '어리석은 백성들을 구해 낸다.'는 뜻으로 포함되어 있지.

사람이 곧 하늘이다

'모든 사람은 평등하다.'는 동학의 가르침은 가난한 백성들에게 희망이었어. 가뭄에 단비 같고, 꺼져 가는 희망의 불씨에 기름을 부은 셈이지. 그래서 금세 수많은 백성들이 동학을 믿고 따랐어.

먼저 '한울님을 모신다.'는 사상이 그것이야.

아래 대화에서 동학의 사상을 찾을 수 있어.

어린이 : 선생님, 한울님은 기독교의 하느님과 같은 건가요?

방정환 : 그렇지 않아요. 한울님이 저 높은 하늘에 계시다는 뜻은 아니에요.

어린이 : 그렇다면 무속인(무당)들이 몸속에 모신다는 그런 신인가요?

방정환 : 그것도 아니에요. 한울님은 나를 지배하고 명령하는 그런 신령이 아니에요.

어린이 : 그럼 한울님은 어떤 존재인가요?

방정환 : 한울님은 신령이면서 동시에 우주의 근본인 기의 특성을 갖고 있어요.

어린이 : 무슨 말씀인지 어려워요. 자세히 설명해 주세요.

방정환 : 사람이 그 신령스런 기를 수련을 통해 잘 모시기만 하면, 한울님과 하나가 되어 대화도 가능해요. 자기 몸이 신령스런 존재가 되는 거지요.

"우리가 곧 하늘이다!"

> 어린이 : 신령스러운 존재가 되면 어떻게 되나요?
> 방정환 : 영혼과 육체가 모두 건강해지고, 모두가 잘 사는 좋은 세상을 만들 수 있어요.
> 어린이 : 아, 알겠다. 한울님과 같아져 하나가 되니까, '사람이 곧 하늘'이라고 하는 거죠?
> 방정환 : 그래요. 하지만 신의 존재를 부정하고, 사람이 최고라는 뜻은 아니에요.

이렇게 누구나 한울님과 한 몸이 될 수 있다는 생각은 당시 낡은 풍습과 신분 제도에 얽매어 있던 조선 백성들에게 평등 사상을 심어 줘. 최제우 자신도 데리고 있는 하녀 한 명을 며느리로 삼았고, 또 다른 한 명은 딸로 삼았다고 해. 이는 평등 사상을 실천으로 보여 준 예라고 할 수 있어.

동학은 종교를 통해 세상을 바꾸려 했어. 이는 최제우의 가르침 속에 나와 있는데, "만백성을 널리 구해 내고, 천하에 바른 덕을 펴며, 나라를 돕고 백성들을 편안하게 하는 것"이 바로 그것이야.

동학 농민 운동의 불씨가 되다

이 동학의 가르침은 당시 많은 백성들에게 힘과 용기를 주었어. 급기야 조선 후기에 이르러 농민 전쟁 곧 동학 농민 운동으로까지 발전해.

동학 농민 운동은 처음에 억울하게 죽은 최제우의 명예를 회복하기 위한 종교적인 활동에서 출발했어. 그러다가 지방 관리들의 약탈과 횡포에 대한 농민들의 불만과 울분이 극에 달하게 되자 사회적 성격을 갖게 되었지. 이때 동학군을 이끈 인물로 전봉준과 손병희 등이 있어.

다음은 동학 농민군이 당시 조선 정부에게 요구한 사항 가운데 일부야.

첫째, 탐관오리를 쫓아낼 것.
둘째, 노비 문서를 불태울 것.
셋째, 과부의 재혼을 허락할 것.
넷째, 일본과 내통하는 자를 처벌할 것.
다섯째, 인재를 골고루 등용할 것.

체포돼 끌려가고 있는 녹두 장군 전봉준

이러한 동학 농민군의 요구는 1895년 갑오개혁 때 많이 반영되었어. 사회를 근대화하는 일에 이바지한 것이지.

동학은 유교나 불교, 민간 신앙, 그리고 기독교와 다른 새로운 우리나라의 종교야. 동시에 철학적인 깊은 뜻을 지니고 있어. 그래서 동학은 뒤에 천도교로 이름이 바뀌고 종교적인 틀을 갖추지. 천도교는 현재에도 정신 개벽·생명 환경 운동·통일 운동 등을 통하여 동학의 정신을 이어가고 있어.

최제우랑 쑥덕쑥덕

왜 세상은 평등하지 않나요?

참 좋은 질문이에요. 세상이 평등하지 않은 이유는 많이 있지만, 나는 내가 살았던 조선 후기 상황의 불평등한 현실을 말하고 싶어요. 우선 신분제가 평등하지 않았어요. 양반의 자식으로 태어나면 양반이고, 노비의 자식으로 태어나면 죽을 때까지 노비였어요. 또 관리를 뽑는 것도 평등하지 않았지요. 누구나 과거 시험에 나아갈 수도 없고, 설령 과거에 급제해도 돈이나 배경이 없으면 벼슬 얻기도 어려웠어요. 게다가 남녀 차별도 있었지요. 이렇게 온갖 차별이 많았던 세상이었어요. 이런 세상이 변하여 새로운 시대가 열리는 것을 '개벽'이라고 하는데, 나는 그것을 꿈꾸었답니다.

책 한 권 으로 최제우 읽기

《동경대전》

輔國安民
보국안민

나랏일을 돕고
백성을 편안하게 한다.

이 말은 원래 최제우가 19세기 중엽 서양의 동양 침략에 대한 위기감에서 한 말로, 서양의 제국주의를 꿰뚫어 본 것이에요. 훗날 동학 농민군을 이끈 지도자들도 탐관오리와 일본 세력에 대항하여 보국안민을 주장하며 운동을 펼쳤어요.

《동경대전》은 동학의 경전을 빠짐없이 모아서 엮은 책이라는 뜻으로, 《용담유사》와 함께 동학의 2대 경전 중의 하나예요. 최제우는 1860년 동학을 세운 뒤 1863년 참수당할 때까지 글을 썼는데 그중에서 한문체로 된 글만을 모아 엮은 것이 이 책이에요.

1863년 최제우는 《동경대전》과 《용담유사》를 2대 교주인 최시형에게 넘겨 주며 간행을 부탁하였는데 이후 20여 년이 지나 이루어졌어요. 1880년 강원도 인제에서 최시형의 관리 하에 처음 간행된 것으로 전해지고 이후에도 여러 차례 간행되었지요.

《동경대전》은 포덕문·논학문·수덕문·불연기연의 네 편이 중심이고, 그 외 축문·입춘시·강시·좌잠·화결시·탄도유심급·결·우음·팔절·제서·영소·필법·통문 등으로 구성되어 있어요.

동학을 선포하는 '보국안민', '광제창생'의 정신과 동학을 천하에 널리 전파해야만 하는 이유 및 동학의 교리와 사상 전반에 관한 여러 글들이 실려 있어요.

마인드맵으로 한눈에 최제우 보기

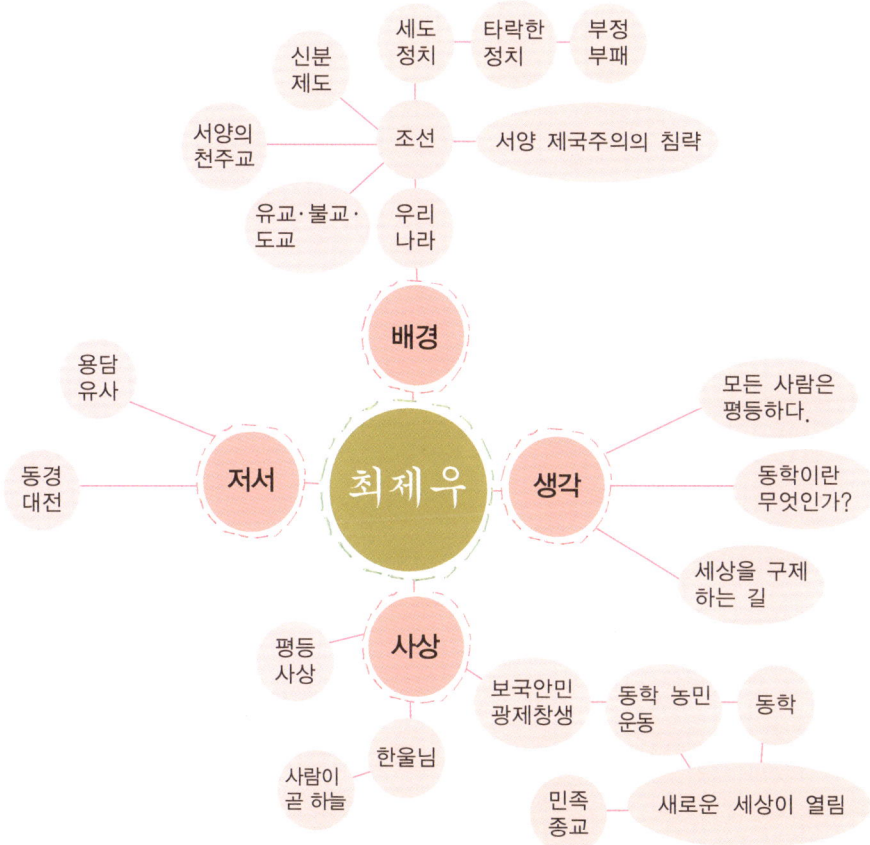

최제우의 사상이 동학 농민 운동에 어떤 영향을 주었나요?

최제우가 동학을 만들고 그 영향으로 동학 농민 운동이 일어났던 이유는 역사적 배경에서 찾을 수 있어요. 즉 조선 정부와 관리들의 부패, 외세의 침략, 낡은 신분 질서 등이 그것이에요. 따라서 나랏일을 돕고 만백성을 널리 구해 내어 모두가 평등한 세상을 만들어 이 땅의 모두가 잘 사는 세상을 만들자는 최제우의 주장은 동학 농민 운동에 그대로 이어지지요.

15 어떻게 문명국이 될 수 있는가?

후쿠자와 유키치 (福澤諭吉) : 1835년~1901년
일본 계화기의 계몽 사상가이자 교육가이다. 1860년의 미국 여행과 1862년의 유럽 견문의 경험을 바탕으로 유럽 문화를 소개한 《서양 사정》을 써 일본 내 큰 반향을 일으켰다. 실학과 부국강병을 강조하여 자본주의 발달의 사상적 근거를 마련했다.

이웃 나라 일본은 19세기 중반까지만 해도 무사들이 나라를 다스리는 막부 정권이었어. 쇼군이라는 최고 무사가 중앙에 있으면서, 각 지방의 다이묘라는 무사에게 그 지역의 번을 다스리게 했어. 번은 우리나라의 행적 구역처럼 각각의 지역을 말해. 다이묘 밑에도 무사들이 있었는데, 여러 계급으로 나뉘어 있었어.

당시는 계급에 따른 차별이 매우 심했어. 하급 무사들이 기름이나 술을 상점에서 사려면 밤이 되기를 기다렸다가, 다른 사람 모르게 조용히 상점에 들어가야 했을 정도로 말이야. 이와 관련된 일화가 있으니 들어 볼래.

나카쓰 번이라는 곳에 한 소년이 살았어. 어느 날 소년은 자기가 사는 번을 다스리는 다이묘의 이름이 적힌 종이를 밟았다고 형에게 꾸중을 들었어. 상급 무사의 이름을 밟는 일은 절대로 있어서는 안 되는 일이었거든.

그런데 소년은 형에게 심한 꾸중을 듣고 신의 이름이 적힌 부적을 화장실에 갖고

들어가 마구 짓밟았어. 다이묘의 이름이 적힌 종이도 밟아서는 안 되는데 하물며 신을 모독하는 일은 더더욱 안 될 일이었지. 게다가 소년은 대낮에도 버젓이 상점을 드나들었어.

이렇게 기존의 사회 질서에 반항한 이 소년은 후에 일본인들에게 전 국민의 교사, 민권론자, 위대한 계몽 사상가로 알려진 인물로 성장해. 바로 현재 일본의 1만 엔짜리 지폐에 그려진 후쿠자와 유키치야.

서양 문물에 눈뜨다

후쿠자와는 어릴 적부터 고향을 떠나 다른 곳으로 가고 싶어했어. 아마도 하급 무사의 아들이기에 받는 차별이 싫었던 모양이야. 그래서 고향을 떠나 일본에 와 있던 네덜란드인들로부터 서양에 대해 배우기 시작했지. 또 일본과 미국이 수교를 하자마자 영어를 배웠어. 덕분에 미국과 유럽의 사절단에 뽑혀 여행을 갈 기회가 생겼어. 그가 처음 미국에 갔을 때 이런 일이 있었어.

후쿠자와는 일본과 다른 미국의 문화를 접하고는 매우 큰 충격을 받았어. 한 번은 미국의 한 가정에 초대되었는데 그 집 부인이 손님들을 접대하려고 음식을 준비하는 걸 남편이 돕고 있었어. 후쿠자와는 그것을 보고 마음속으로 이렇게 생각했어.
'이 나라는 여성 천국이구나. 남편이 부인의 부엌일을 돕다니!'
후쿠자와는 미국 부부에게 이런 질문을 했어.
"초대 대통령 워싱턴의 자손들은 지금 어떻게 살고 있습니까?"
그러자 미국인들은 모른다고 답했지. 그 대답에 그는 굉장히 큰 충격을 받았어. 일본의 왕족에게는 일어날 수 없는 일이었고, 미국의 대통령제를 몰랐기 때문이었지.

어쨌든 후쿠자와는 이렇게 서양을 돌아보고 《서양 사정》이란 책을 펴냈어. 이 책의 출간은 일본 사회에 엄청난 파장을 불러일으켰어. 책은 어마어마하게 많이 팔렸고, 지배층에게는 큰 충격을 안겨 주었어. 결국 이 책이 쇼군이 다스리는 막부 정권을 무너뜨리는 데 큰 역할을 했다고 해. 그만큼 당시 일본인들이 서양에 관해 잘 몰랐던 거야.

이어서 펴낸 《학문의 권유》도 출판되자마자 폭발적인 반응을 얻었어. 《서양 사정》과 함께 당시 700만 부나 팔렸다고 하니 대단한 인기였지. 이 책이 인기가 있었던 이유는 일본의 낡은 제도와 사상을 청산하자고 주장했기 때문이야.

또 그 뒤에 펴낸 《문명론의 개략》은 주로 지식인을 대상으로 썼는데 그 속에는 일본이 아시아를 벗어나 서양처럼 되어야 한다는 내용을 담고 있어. 그러니까 《문명론의 개략》은 일본이 제국주의로 나아가 이웃 나라를 침략할 수 있는 사상적 근거를 제공한 셈이지.

후쿠자와는 "아시아를 벗어나 서구 사회를 닮아야 한다."라고 주장했어. 후쿠자와에게는 당시 일본의 상황을 보았을 때 서구 사회가 훌륭한 교과서였던 거지.

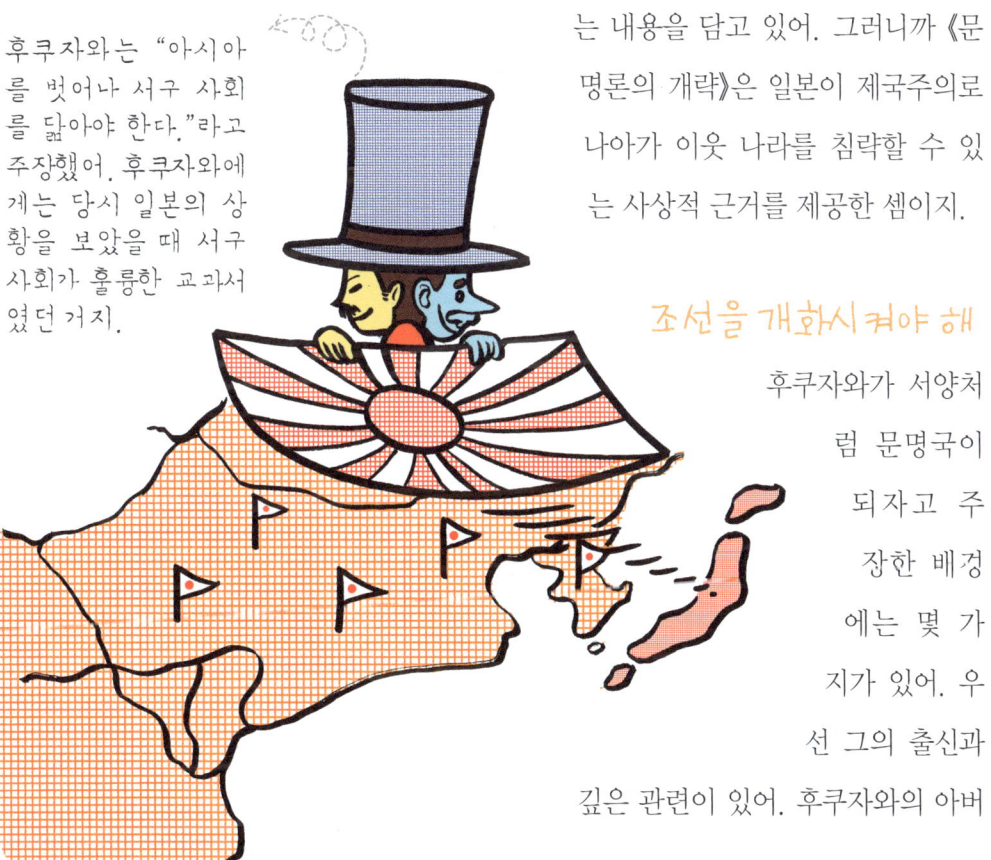

조선을 개화시켜야 해

후쿠자와가 서양처럼 문명국이 되자고 주장한 배경에는 몇 가지가 있어. 우선 그의 출신과 깊은 관련이 있어. 후쿠자와의 아버지는 하급 무사였기 때문에 계급에 따른 차별을 많이 받았어. 어릴 적부터 그런 모습을 보아 온 후쿠자와는 일본의 전통적인 사회 질서에 큰 반감을 갖고 있었어. 그래서 누구보다 서양을 동경했고, 남보다 앞서 열정적으로 외국어를 배웠던 거야. 또 외국 여행을 통해 일본에 서양을 알릴 수 있었고, 서양처럼 평등한 사회가 되기를 바랐지.

다음으로는 일본 막부 정권의 쇄국 정책과 관계가 있어. 당시 일본은 네덜란드와 교류하고 있었지만 네덜란드인들과 접촉할 수 있는 사람은 막부 정권의 허가를 받은 소수의 사람들이었어. 후쿠자와는 그런 일본을 우물 안 개구리라고 여겼어.

또 하나는 그가 서양을 잘 아는 지식인이었다는 데 있어. 일본이 서양에 문호를 개방하긴 했지만 외국어를 잘하는 사람은 드물었어. 후쿠자와는 남보다 일찍 외국어를 공부한 덕분에 외국인과의 대화에 거리낌이 없었고 외국 서적을 읽고 번역할 수 있었어. 이러한 점 때문에 그가 계몽 사상가로도 활약할 수 있었던 거야.

계몽 사상가로서 후쿠자와는 인간의 평등, 개인의 권리와 자유, 한 인간으로서 개인의 독립과 책임, 관존민비*의 타파, 민권의 신장, 국회 개설 등을 주장했어. 또한 교육가로서 학교를 세우고 여성의 지위 향상에도 노력했지. 그리고 언론인과 저술가로 활동하며 당시 일본인들에게 많은 영향을 주었어.

이런 배경과 활동 속에 그는 이웃 나라인 조선에 대한 태도도 그대로 드러냈지. 원래 후쿠자와는 조선과 우호적인 관계를 가지려고 했어. 조선을 개화시켜야 한다는 생각 때문이었지.

그래서 조선 유학생들을 받아 주고, 또 조선의 개화파 인사들과도 교류했어. 그 바탕에는 조선은 불쌍한 나라라는 인식이 깔려 있었지. 이런 이야기가 있으니 한번 들어 볼래.

---

*__관존민비__ 관리는 높고 귀하며, 백성은 낮고 천하다는 사고 방식

어느 날, 어떤 사람이 후쿠자와에게 물었어.

"조선은 어떤 나라입니까? 문명국인가요?"

"무슨 소리입니까? 조선의 상황을 들어 보면 보잘것없는 무기, 융통성 없는 생각, 야비한 풍속, 빈약한 국민 등 모두 말이 아닙니다."

"조선인들에 의하면 조선이 과거 일본보다 문명국이라고 말하지 않습니까?"

"누가 그런 말을 합니까? 배를 움켜쥐고 웃을 수밖에 없는 말입니다. 조선은 문명국이었다가 뒷걸음친 나라가 아니라, 처음부터 발전 없이 머물러 있었던 나라입니다."

"그러면 일본과 조선의 차이는 무엇이라고 생각하십니까?"

후쿠자와는 잠시 생각에 잠겼다가 말했어.

"우리가 선생이고 조선이 하인입니다. 조선은 도저히 적대할 상대가 아닙니다."

후쿠자와가 이렇게 생각한 이유에는 당시 조선의 정치 상황에 근거해. 1882년 조선의 임오군란이 청나라에 의하여 진압되고, 청나라의 영향이 커지자 일본이 무력을 사용해서라도 조선을 문명국으로 개화시켜야 한다고 여겼지. 여기서 문명 개화란 서양의 문물을 받아들이는 것을 말해.

민권론자와 민족주의자
민권론자는 국민들의 자유와 권리를 주장하는 운동가이자 사상가를 말해. 반면 민족주의자는 민족이나 국가의 이익과 권리를 주장하는데, 그것이 지나치면 다른 민족을 침략하게 되는 거야.

그 뒤 조선의 개화파를 지원한다는 것을 빌미로 민권론자*에서 일본의 국익을 앞세우는 민족주의자*로 변해. 그리하여 1884년의 김옥균·박영효 등의 개화파가 일으킨 갑신정변을 뒤에서 도와주고 지원했어.

그러나 갑신정변의 실패 이후 조선에 대한 후쿠자와의 생각과 태도는 달라져서 침략 이론을 제공해 주는 사상가가 되었지.

침략적 제국주의의 바탕이 되다

후쿠자와의 주요 사상 가운데 조선과 관련된 것을 몇 가지로 나누어 살펴보자.

우선 그는 조선에서 갑신정변이 실패하자 '탈아론'을 내세웠어. 탈아론은 일본이 아시아를 벗어나 문명국인 유럽의 여러 나라 속에 포함되어야 한다는 주장이야. 달리 말하면 조선이든 중국이든 스스로 독립할 수 없기 때문에 이미 유럽처럼 발전하고 있는 일본이 여러 유럽 국가들처럼 아시아를 침략해서 문명화시켜야 한다는 주장이야. 이를 '아시아 침략론'이라고 간단히 요약할 수 있어.

이런 주장을 통해 일본은 이웃 나라를 침략할 구실을 마련해. 또 후쿠자와는 청나라와 일본 사이의 전쟁을 부추겼고, 조선에 나와 있던 일본인을 보호해야 한다며 조선에 일본군을 파병해야 한다고 주장했어.

다음은 '문명론'이야. 후쿠자와의 문명론에는 인간도 동물의 약육강식처럼 강한 자가 약한 자를 희생시켜 살아남는다는 이론이 있어. 그가 "세계는 문명이 발전함에 따라 무기도 날로 발전하고 있으므로 무력으로 다른 나라를 점령하려는 욕심이 높아지고 있다. 이는 자연스런 형세이다. 중국이나 조선이 서양인들의 손에 넘어가면 큰일이 아닌가?"라고 말한 데서 찾아볼 수 있어. 후쿠자와에게 있어 문명국이란 한마디로 서양처럼 되는 것이야.

후쿠자와 유키치를 그려 넣은 일본의 우표

그는 문명이 발전하는 과정을 야만→반개→문명이라 하며, 서양은 문명국, 중국과 일본은 반쯤 개화된 반개국이라고 보았어. 그런데 유독 조선에 대해서 겉으로는 반개 또는 정체된 나라라고 하면서, 속으로는 야만국이라고 여겼지. 특히 갑신정변이 실패한 뒤에는 "조선은 악마의 지옥국, 즉 야만 이하의 나라"라고 폄하했어.

이와 같이 후쿠자와는 서양을 가장 발달된 나라로 보면서 문명국의 모델로 삼았어. 그의 문명론은 결국 일본이 아시아를 멸시하는 방향으로 전개되었고, 일본이 아시아를 침략하는 제국주의 이론을 뒷받침하는 계기가 되었지.

후쿠자와에게는 계몽적 민권론자의 모습과 아시아 침략 이론가의 모습이 동시에 존재하고 있지. 일본인들에게는 '근대화의 아버지'이지만 우리나라와 중국에서는 '제국주의 침략 이론가'로 알려져 있어. 그리고 그가 서양을 지나치게 동경한 나머지 아시아 국가들을 경멸하고, 일본 제국주의에 가담했다는 사실은 일본에서조차 최근 비판의 목소리가 거세지고 있어.

어쨌든 후쿠자와는 일본인들에게 추앙받는 인물임에는 틀림없어. 그 이유는 그가 일본이 새로운 국가로 발전하는 데 이바지했기 때문이야. 그런데 아직도 일본 정치인들 가운데 몇몇은 과거 우리나라를 침략한 역사에 대해 사과할 줄 모르고, 오히려 일본이 조선을 문명국으로 발전시켰다는 말도 안 되는 주장을 하고 있어. 이 또한 후쿠자와의 영향이라고 할 수 있지.

후쿠자와 유키치랑 쑥덕쑥덕

평등을 주장하면서 왜 아시아를 침략했나요?

내가 평등을 주장한 이유는 서양의 발달한 문명을 보고 말한 것이에요. 그래서 우리 일본을 비롯하여 동양의 나라들도 개화하여 서양처럼 모두 평등하게 사는 문명국이 되기를 진심으로 바랐어요. 그런데 일본을 제외한 다른 나라들은 몹시도 무지하고 어리석어 야만의 상태를 벗어날 수 없었어요. 그래서 개화한 일본이 이들 나라를 강제로라도 침략하여 문명화시켜야 한다고 주장했어요. 어쨌든 이런 내 주장에 힘을 얻은 일본 정부가 아시아로 진출했고, 그 결과 아시아 국가들이 문명국으로 발전하지 않았습니까? 내 말이 틀렸나요?

책 한 권으로 후쿠자와 유키치 읽기

《학문의 권유》

하늘은 사람 위에 사람을 만들지 않았고,
사람 밑에 사람을 만들지 않았다.

《학문의 권유》의 첫 장에 쓰여 있는 것으로, 미국의 독립 선언문에서 인용한 구절이에요. 이 말에는 당시 일본 사회에 엄청난 변화를 이끌어 내려는 후쿠자와 유키치의 의도가 들어 있어요.

일본의 사상가·교육자인 후쿠자와 유키치가 《서양 사정》에 이어 저술한 계몽서로, 초판이 1872년 발행되어 대단한 인기를 얻었어요. 낱본 소책자를 합하여 간행 부수가 370만 부에 이르는 당시 최고의 베스트셀러로 계몽 사상의 보급에 큰 역할을 담당했어요.

후쿠자와가 그때까지 저술한 주요 내용은 서양 문명을 소개하는 것이었는데 이 책에서 처음으로 자기의 생각을 적극적으로 발표했어요.

《학문의 권유》가 일본 국민들의 마음을 사로잡을 수 있었던 것은 한마디로 일본의 낡은 제도와 사상을 청산하자는 내용을 담았기 때문이에요. 당시까지만 해도 일본은 엄격한 신분 제도와 쇄국 사상이 일본 열도를 짓누르고 있었거든요. 그러니까 세상의 변화를 원하던 일본인들의 마음에 불을 지폈다고 말할 수 있어요.

여기서 권하는 학문은 서양 학문으로, 후쿠자와는 그것을 실학이라고 규정했어요.

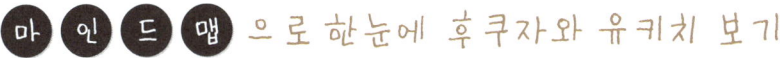 으로 한눈에 후쿠자와 유키치 보기

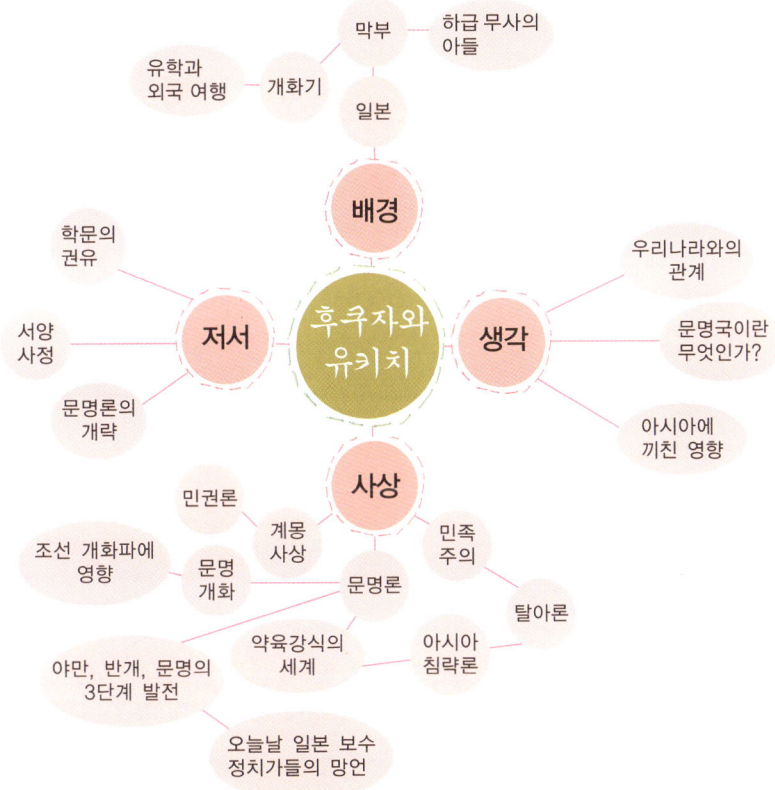

우리는 가끔 일본이 우리를 발전시켜 문명국으로 만드는 데 도움을 주었다는 일본인들의 망언을 들어요. 그 배경에는 후쿠자와의 어떤 사상과 연결될까요?

　일본 보수 정치가들의 망언은 자신들이 과거 우리나라를 침략했다는 것을 부정하고 오히려 미개한 조선을 일본이 발전시켜 주었다고 억지 주장하는 점이에요. 이 부분이 후쿠자와의 문명 개화론과 연결되는데, 후쿠자와는 당시 조선을 야만국이라고 여겼던 거예요. 그러니까 앞선 문명을 지닌 일본이 미개 상태인 조선을 개화시키는 것은 당연하다는 논리예요.

16 망해 가는 나라를 위해 무엇을 할 수 있을까?

곽종석 (郭鍾錫) : 1846년~1919년
구한말의 학자이자 독립운동가이다. 1905년 을사조약이 체결되자 조약의 폐기와 조약 체결에 참여한 매국노의 처형을 상소하고, 3·1 운동 때는 파리의 만국 평화 회의에 독립 호소문을 보내 옥고를 치렀다.

조선 헌종 때, 경상도 땅에 한 소년이 있었어.

소년은 네 살 때부터 글을 알았는데, 아버지가 학생들을 가르치는 소리를 듣고 깨우쳤다고 해.

소년이 다섯 살이 되었을 때 똑똑하다는 소문을 듣고, 한 손님이 찾아왔어. 손님이 소년에게 '땅'이라는 제목으로 글을 지어 보라고 했더니 다음과 같이 지었어.

"넓어서 크기가 하늘과 같고, 그 위에는 많은 나라들이 있다."

소년이 열한 살이 되었을 때의 일이야. 개울 건너에 사는 하씨 영감 집에 책을 빌리러 갔어. 책을 빌린 후 대문을 나선 소년이 어찌된 일인지 얼마 지나지 않아 되돌아온 거야. 하씨 영감이 어찌된 일이냐고 묻자 소년이 대답했어.

"개울 징검다리를 건너기 전에 책을 다 읽어서, 집까지 가지 않고 돌려 주러 왔습니다."

하씨 영감은 이 소년의 말을 당최 믿을 수가 없었어.

곽종석 왈,
"나라 잃은 책임을 짊어지다."

이 이야기는 구한 말의 유학자이자 독립 운동가인 면우 곽종석에 관한 거야. 곽종석은 어려서부터 신동이었고, 세계 여러 나라에 대해 일찍부터 관심을 가졌다고 해.

이런 관심은 훗날 곽종석이 정통 유학을 공부하고도 다른 유학자들과는 다르게 서양 철학을 받아들이고 세계 여러 나라를 향해 독립 운동을 한 배경이 되었지.

나라를 위해 무엇을 할 수 있을까?

곽종석은 경상도 단성 땅에서 태어나 홀로 책을 읽으며 공부를 하다가 25세 때 이황의 학문을 계승한 이진상을 스승으로 삼았어. 고종 때 비안 현감, 중추원 의관, 1903년에 비서원승에 특별 진급했지만 벼슬길에는 나가지 않았지.

1895년 명성 황후 시해 사건으로 을미의병이 일어나자 안동과 제천의 의병 부대를 살펴보았고, 1896년에는 미국·영국·러시아·프랑스·독일 등의 공관에 서양 강대국의 세력 다툼과 일본의 침략을 규탄하는 글을 보냈어.

그러다가 1905년 일본에 의해 강제로 을사조약이 체결되자 최익현으로부터 의병에 참여해 달라는 요청을 받아. 다음은 그때 있었던 일이야.

> **을사조약**
> 1905년 일본이 대한 제국의 외교권을 박탈하기 위하여 강제로 체결한 조약이야. 이 조약으로 대한 제국은 사실상 일본의 식민지가 되었지. 조약의 체결은 거센 반발을 불러일으켰고, 거국적인 항일 운동이 전개되었으나 일제는 이를 억압했어.

일제에 의해 강제로 **을사조약***을 맺은 지 일 년이 지난 어느 날이었어.

경상도 거창에 있는 곽종석에게 일제의 침략에 맞서 의병을 일으키자는 내용의 편지가 도착했어. 충청도에 있던 최익현이 보낸 편지였지.

"공께서 지난 1895년의 의병 운동에 직접 참여하지 않았지만, 이번에는 같이 참여하기를 바랍니다."

하지만 이번에도 곽종석은 의병 운동에 참여하는 것을 거절했어. 그는 최익현에게 다음과 같은 이유를 들어 거절하는 답장을 보냈어.

"저의 생각은 이전과 변함없습니다. 먼저 저에게는 군사가 없습니다. 그리고 우리와 싸울 적이 다름 아닌 조선의 관군이란 점이 마음에 걸립니다. 잘못하다가는 우리가 역적의 누명을 쓸 것이고, 그 피해는 고스란히 농민에게 돌아갑니다. 무엇보다 조선 사람끼리 싸우다가 질서를 잃게 되면, 일본에게 나라를 빼앗을 기회만 줍니다."

이렇게 곽종석은 의병에 참여하지는 않았지만 고종 황제에게 을사조약의 폐기와 조약 체결에 참여한 매국노를 처형해야 한다는 상소를 올렸어.

의병 운동에 참여하지 않았다는 이유로 곽종석은 여러 사람들에게 비난을 받았어. 불행히도 1910년에는 나라마저 일본에 의해 강제로 병합*되고 말지. 이 일로 곽종석은 큰 충격을 받아. 그 뒤로 바깥출입을 하지 않고 찾아오는 손님도 맞이하지 않았어. 오로지 학문과 교육에만 힘썼지. 지식인으로서 나라를 잃은 책임이 무엇인지, 나라를 위해 죽지 않고 살아 있다는 것이 얼마나 치욕인지 반성과 한탄의 나날을 보내면서 말이야.

세계에 독립을 호소하다

곽종석은 나라 잃은 선비로서 무엇을 해야 할지 찾고 있었어. 그러던 가운데 기회가 찾아왔지.

나라가 일제에 의해 강제로 병합된 지 10년이 되어 가던 1919년 초의 일이야.

***병합** 두 나라가 하나로 합쳐지거나 또는 그렇게 되도록 만드는 것

경상도 땅에 있던 곽종석의 제자 김창숙이 편지 한 통을 받았어.

"고종 황제의 장례 일에 맞추어 국내 인사들이 어떤 일을 벌이려고 하니, 자네도 이 기회를 놓치지 마라."

김창숙이 2월의 마지막 날 서울에 올라가니 누가 말했어.

"자네, 왜 이제 오는가? 내일 조선 독립 선언서를 발표할 참인데, 자네는 서명할 기회를 놓쳤네."

그 이튿날은 3월 1일이었지. 민족 대표로 손병희 등 33인이 서울에서 독립 선언서를 발표하였는데, 거기에 서명한 사람은 천도교·예수교·불교 이렇게 세 종교의 대표였어. 김창숙은 선언서를 읽고 통탄했어.

"우리나라는 유교의 나라다. 그런데 유교 대표는 한 명도 없다. 우리들이 나쁜 이름을 뒤집어썼으니, 이보다 부끄러운 일이 어디 있는가?"

그때 누군가 말했어.

"자네 통곡하지만 말고, 이 치욕을 씻을 길을 도모해야 할 것이네."

김창숙으로부터 자초지종을 전해 들은 곽종석은 1919년 3·1 운동이 일어나자 전국 유림들의 궐기를 호소했어. 그리고 유림을 대표해서 **파리 평화 회의***에 보내는 독립을 호소하는 탄원서를 지었지. 2,674개의 글자로 된 순 한문이었고, 참여한 유림은 137명이었어. 이어 제자 김창숙을 시켜 원문을 중국 상하이로 가져가게 했어. 원문은 상하이에서 영어·프랑스어 그리고 우리말로 번역하여 원본과 함께 인쇄하였어. 그러고는 파리의 각국 대표는 물론이요, 중국 전역에

> **파리 평화 회의**
> 1919년~1920년 동안 제1차 세계 대전의 승전국들이 연합국과 동맹국 간의 평화 조약을 협의하기 위해 개최한 국제 회의야. 전쟁에 대한 책임과 유럽 각국의 영토 조정, 평화를 유지하기 위한 조치 등을 협의하였어.

있는 각 언론사에 보냈고, 국내의 각 기관과 모든 향교에 보냈어. 바로 그 유명한 '파리 장서 사건'이야.

그러나 그 사건이 탄로나 곽종석은 일본 헌병대에 체포되어 감옥에 갇히고 말았어. 2년형을 선고받고 옥살이를 하던 중 큰 병을 얻게 된 곽종석은 죽기 직전 풀려났지만 얼마 가지 않아 숨을 거두고 말았어.

마음이 곧 이치이다

곽종석은 그의 스승인 이진상의 '마음이 곧 리'라는 '심즉리'를 이어받았어. 이것은 앞에서 읽은 왕수인의 심즉리와 같은 글자이지만, 내용은 리를 위주로 하는 퇴계 이황의 주장과 비슷해. 이황의 입장을 더 강조한 것이지.

그러나 곽종석은 이진상의 문집인 《한주집》을 이황의 도산서원에 가지고 갔다가 배척받고 말았어. 이황의 문인들이 이진상의 학문과 곽종석의 주장도 왕수인의 심즉리라고 여겼던 거야. 유학자들은 당시까지만 해도 왕수인의 양명학을 받아들이지 않고 있었거든. **이에 대해 곽종석은 왕수인의 '심(마음)'은 '기'를 말하는 것이고, 자신의 '심'은 인간의 본성인 '리'가 들어 있는 것이라고 주장했어.**

이런 곽종석의 주장을 설명하는 예화가 있어.

생선회를 좋아하는 한 소년이 있었어. 소년은 어느 날, 부모와 생선 횟집에 갔지.
생선회를 주문하고 잠시 기다리는 동안 여러 가지 음식이 계속 나왔어.
"와! 맛있다."
소년은 천천히 먹으라는 부모의 말에도 아랑곳하지 않고, 신이 나서 허겁지겁 먹기 시작했어.
이윽고 생선회가 나왔어. 그러나 소년은 배가 몹시도 불러서 정작 생선회는 한 점도

예화에서 말하는 것은 '회'가 곧 '리'인데, 중요한 '리'를 잘 알아야 한다는 거야.

먹지 못했어.

"에이, 횟집에 와서 회를 못 먹다니……."

가장 먹고 싶었던 생선회를 먹지 못하게 되자 소년은 투덜거렸어.

곽종석이 주장하는 '마음이 곧 리'라는 것은 마치 횟집에서 파는 생선회와 같아. 횟집은 생선회를 주로 파는 곳이고, 또 그것이 횟집의 본래 일이잖아. 이처럼 곽종석은 마음을 말할 때 만물의 이치인 리를 위주로 말했어. 마음에 기가 있다는 것은 마치 횟집에서 회가 나오기 전에 주는 반찬처럼 중요하지 않다고 말이야.

그러니 유학자들이 리를 말할 때는 당연히 '심즉리'로 말해야 한다고 주장했어. 그의 주장대로라면 인간의 본성, 마음, 정이 모두 하나의 리라고 할 수 있어. 이황의 리에서 인간의 본성을 좀 더 강조한 거지.

그러나 과정이 어찌 되었든 곽종석의 심즉리는 결과적으로 왕수인의 심즉리와 같은 결론을 얻게 돼. 왜냐하면 왕수인의 심즉리도 인간의 본성을 중심으로 말했기 때문이야. 그리고 곽종석의 학문도 실천을 강조하는 측면이 있어. '내 마음이 곧 하늘의 이치'이기 때문에 양명학처럼 앎과 행동이 일치해야 한다는 거야. 이러한 점이 곽종석이 실천적 유학으로 나갈 수 있었던 이유야. 곽종석이 성리학뿐만 아니라 지리·농업·산학(수학)·병법과 서양 철학을 공부한 것도 자신이 추구하는 학문적 성격과 관계가 있어.

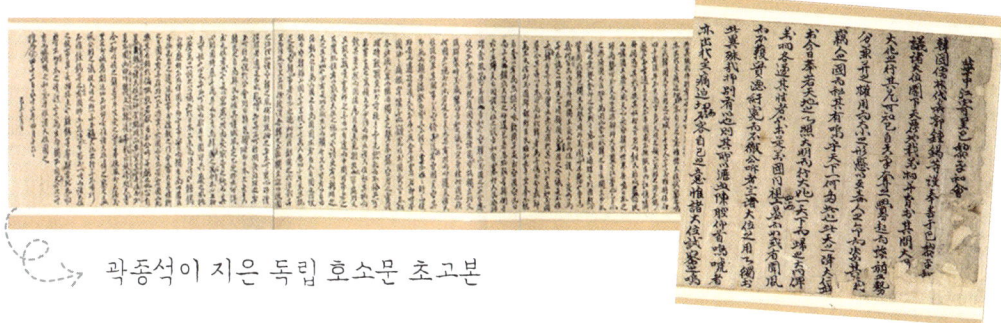

곽종석이 지은 독립 호소문 초고본

이러한 이유 때문인지 곽종석과 그의 스승 이진상의 제자들은 다른 어떤 학파보다 앎과 행동이 일치하는 강직한 분들이 많았어. 또 나라를 구하기 위해 몸바친 분들도 많이 있었지. 곽종석이 의병 활동에 참여하지 않았다고 나라의 어려움에 눈감은 것은 아니야. 다만 문제를 해결하는 방법에 있어 어떤 것이 더 적절한지 선택의 고민에 빠졌던 것이지. 곽종석은 무력으로 맞서 싸우는 것보단 현실적으로 유리한 방법을 택했다고 볼 수 있어. 이 때문에 망해 가는 나라에서 지식인으로서의 삶이 고단했을지는 모르겠지만 말이야.

곽종석이랑 쑥덕쑥덕

책을 어떻게 그렇게 빨리 읽을 수 있나요?

사람들이 저에게 '곽문장'이라는 별명을 붙여 주었지요. 그러나 노력 없이 잘 할 수 있는 일은 없어요. 네 살 때 다른 사람들이 공부하는 것을 소리를 듣고 글을 깨우쳤고, 예닐곱 살 때는 유교 경전을 이미 다 공부하고 과거 시험을 준비했으니까요. 그러니 웬만한 책은 한눈에 척 보고 다 읽어 낼 수 있었지요. 이미 공부한 내용들이 그 안에 다 들어 있으니까요. 어느 누가 알지도 못하는 처음 보는 내용을 그토록 빨리 읽을 수 있겠어요? 그러니 여러분들도 열심히 책을 읽으세요.

곽종석 165

책 한 권 으로 곽종석 읽기

《면우문집》

吾儒言心 當曰心卽理
오유언심 당왈심즉리

우리 유학자들이 마음을 말할 때는
당연히 '심즉리'라고 말해야 한다.

원래 심즉리는 양명학에서 강조하는 것이지만, 곽종석은 마음의 본체는 리(理)라고 했어요. 그것은 마음속에서 리가 이끄는 것을 강조하여 실천적인 행동을 하기 위한 철학적 배려였어요.

《면우문집》은 곽종석의 시문집이에요. 63책 165권과 속집 4책 12권의 방대한 양으로 이루어져 있으며 지금은 국립 중앙 도서관에 소장되어 있어요.

돈유·소·차자·독대일기·사장·부·조·시·서·잡저·서·기·발·명·잠·찬·송·혼계·상량문·축문·제문·애사·비문·묘지명·광지·묘표·묘갈명·행장·유사·전과, 속집에 수록되어 있는 시·서·잡저·서·기·발·명·축문 등으로 구성되어 있어요.

이황을 본보기로 삼고, 스승인 이진상으로부터 주리설에 근거를 둔 성리설을 전수받은 곽종석의 학문적인 입장은 주로 잡저에 나타나 있어요. 그 가운데 특히 이기론, 심동정도설, 인심도심설, 사단칠정설, 심성잡기 등이 성리학에 관한 글이에요. 석성, 석지각은 불교에 관한 글이고 후천괘어, 역역수설, 주재설 등은 역학(주역)에 관한 글이에요.

으로 한눈에 곽종석 보기

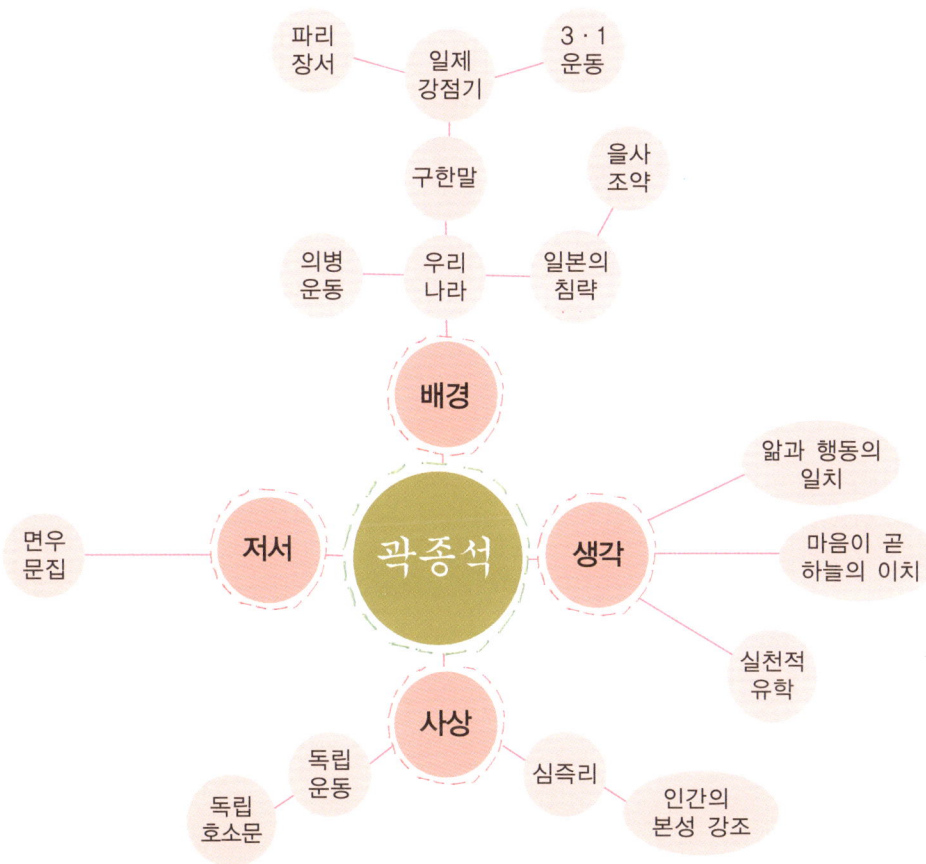

곽종석이 활약한 시대적 배경은 무엇인가요?

　곽종석이 살았던 당시는 구한말과 일제 강점기였어요. 그때는 일본의 침략이 가속화되어 1905년 을사조약을 거쳐 1910년에는 급기야 우리나라를 병합하고 말았어요. 이에 격분한 조선 농민은 의병 운동을 일으켰고, 1919년에는 전 국민이 3·1 운동에 참가해요. 그러나 곽종석을 비롯한 유림들은 3·1 운동에서 소외되었지요. 그런 시대적 배경에서 파리 장서 사건을 일으켰어요.

참으로 이기는 방법은 무엇인가?

마하트마 간디 (Mahatma Gandhi) : 1869년~1948년
인도의 정치가이자 민족 운동 지도자이다. 런던 대학에서 법을 공부한 뒤 남아프리카 원주민의 자유를 얻기 위해 활동하였고, 1915년 귀국하여 비폭력·무저항·불복종·비협력주의에 의한 독립 운동을 이끌었다.

영국의 식민지였던 인도 구자라트 주의 해안 도시인 포르반다르라는 곳에 한 소년이 살고 있었어. 소년은 어렸을 때부터 수줍음과 겁이 많았지.

소년이 열두 살 때였어. 소년은 빌린 돈을 갚기 위해 형의 팔찌에서 금 한 조각을 몰래 깎아내 팔았어. 이 일로 죄책감에 시달리던 소년은 아버지에게 자신의 잘못을 고백하는 편지를 썼어. 아버지께 편지를 드린 뒤 소년은 혼이 날까 봐 벌벌 떨었지.

그때 아버지는 병이 들어 누워 있었는데 소년의 편지를 읽기 위해 몸을 일으켜 앉았지. 소년은 아버지가 편지를 읽는 내내 점점 더 불안해졌어. 그리고 어떤 벌이든 달게 받을 각오를 하고 있었지. 그런데 아버지의 반응은 예상 밖이었어.

아버지의 눈물이 볼을 타고 내려와 종이를 적셨어. 잠시 눈을 감고 생각에 잠긴 아버지는 이내 편지를 찢어 버렸지. 그러고는 일으켰던 몸을 다시 침대에 뉘었단다.

소년은 아버지의 용서에 감동하여 소리 내 울었어. 아버지가 흘린 사랑의 눈물은 소년의 죄를 씻어 주었고, 마음까지 깨끗하게 만들어 주었어.

간디 왈,
"비폭력으로 폭력을 이겨요."

아버지의 이러한 용서는 훗날 소년이 자라서 비폭력 투쟁으로 인도의 독립을 이끈 힘이 되었어. 이 소년이 바로 마하트마 간디란다. 교과서에도 자주 등장하고 모두가 잘 아는 유명한 인물이지.

인종 차별에 대항하다

마하트마 간디의 이름에서 마하트마는 '위대한 영혼'이라는 뜻이야. 하지만 간디의 원래 이름은 모한다스 카람찬드 간디야. 간디의 할아버지와 아버지, 그리고 작은 아버지는 작은 왕국의 수상을 지낸 인물들이야. 간디의 집안은 구자라트 주의 상인 가문인데, 간디의 아버지는 평생 모은 재산을 가족에게 남기지 않고 자선 사업을 하는 데 사용했어. 이러한 점은 훗날 간디의 무소유 사상에 영향을 주었지.

간디는 당시 일찍 결혼하는 인도의 관습대로 열세 살에 혼인을 했어. 그리고 가족을 남겨 둔 채 열여덟 살에 영국으로 유학을 떠났지. 원래 **힌두교*** 신자였지만 유학 시절 다른 종교의 영향을 받기도 했어. 그러나 힌두교의 전통을 지키며 고기는 먹지 않았지. 이는 어머니와의 약속이기도 했어. 유학을 끝내고 변호사가 되어 고향에 돌아왔지만, 변호사로서 크게 성공을 거두진 못했어.

그러다가 남아프리카의 압둘라 회사에서 고문 변호사로 와 달라는 청을 받고 그곳으로 떠나게 돼. 그곳에서 간디는 큰 봉변을 당했어. 당시는 인도만이 아니라 남아프리카도 영국의 식민지였어. 그때의 일화야.

간디는 회사에서 끊어 준 일등실의 차표를 가지고 기차에 탔어. 그런데 어느 승객이 간

> **힌두교**
> 힌두교는 고대 인도에서 발생한 종교야. 인도의 복잡한 민간 신앙과 합쳐지면서 다양한 신화, 전설, 관습 등을 포함하는 게 특징이야. 그래서 다신교 같아 보이지만, 여러 신들의 뒤에 유일한 최고의 신을 두고 있어. 세계적으로 많은 신자가 있는데, 힌두교 신자들은 소를 신성하게 여겨서 소고기를 먹지 않는단다.

디를 보고는 역무원을 불렀어. 역무원은 간디에게 짐칸으로 가라고 내쫓았지. 간디는 일등실의 차표를 보여 주었지만 역무원은 코웃음을 치더니 일등실에는 백인 외에는 탈 수 없다며 잘라 말했어.

"무슨 말입니까? 일등실 차표가 있는데 왜 짐칸에 타야 합니까?"

역무원은 간디의 항의에도 들은 척도 하지 않고 간디를 열차 밖 정거장으로 쫓아냈어. 그날은 몹시도 추운 날이었어. 간디는 대합실에서 뜬눈으로 밤을 새웠지.

'권리를 주장하며 싸워야 하나, 아니면 그냥 인도로 돌아가야 하나?'

간디는 깊이 고민을 하다가 깨달았지.

'그렇다. 이 문제는 나 개인에 대한 모욕이 아니라 전 인류적인 인종 차별이다!'

다음 날, 간디는 다시 열차에 탔어. 그러고는 일등실에 들어갔지. 거기서 나가지 않고 버티자 차장이 주먹으로 간디를 때렸어. 하지만 간디는 폭력에 폭력으로 맞서지 않았지. 복수를 생각하지도 않았어. 그것은 참으로 이기는 방법이 아니기 때문이야. 그래서 수모와 아픔을 꾹 참고 목적지까지 기차를 타고 갔어.

이렇게 시작된 남아프리카에서 인종 차별 철폐 운동은 그의 인생을 확 바꾸어 놓았어. 남아프리카의 간디에서 일약 세계의 간디가 된 거야. 이때의 경험은 이후 인도에 귀국하여 이어진 독립 운동에 큰 영향을 미쳐.

그래도 폭력은 안 돼!

1915년 귀국한 간디는 제1차 세계 대전이 끝나자마자 본격적인 독립 운동을 펼쳤어. 간디의 대표적인 독립 운동 방식인 비폭력 운동을 이어가지. 바로 영국 상품 불매 운동, 영국인 회사 취업 거부, 식민지 정부에 납세 거부 등의 비협력·불복종 운동이 그것이야. 영국 상품을 사지 않기 위해 직접 물레를 돌려 옷감을 만드는 운동도 전개했어. 그러는 동안 여러 차례 단식을 수행하고 수차례 감옥에 갇히기도 했지. 인도 국민이 폭력을 사용하지 않고 영국에 대한 불복종 운동을 할 수 있게 이끈 거지.

그런데 간디는 왜 폭력을 사용하지 않는 비폭력 운동을 전개했을까?

당시 인도는 영국의 식민지였어. 영국은 인도 농민으로부터 자국의 공업 원료를 착취해 갔고, 인도를 자국의 상품 시장과 원료의 기지로 만들었어. 이것이 영국 산업 혁명의 원동력이 되었지만, 인도 내부에서는 직물 공업이 파괴되고 수공업자들이 직업을 잃는 사태가 발생했지. 게다가 영국은 자신들에게 이익이 되는 경우를 제외하고는 인도의 발전과 변화를 막으려 했어.

간디는 힌두교 신자였어. 그러나 다른 종교를 배척하지는 않았지. 간디의 종교에 대한 태도는 경전의 내용을 고집하거나 맹목적으로 신앙에 집착하는 게 아니었어. 신의 말씀이 담긴 경전뿐만 아니라 성자와 현인의 경험도 중요하다고 보았지. 그래서 모든 종교는 진리를 가지고 있으므로, 본질적으로 진리는 하나라는 생각을 했어.

인도 전통 복장을 한 간디.
간디는 직접 물레로 실을 짜 만든 옷감으로 옷을 해 입었어. 영국에 대한 불복종 운동의 일환이었지.

또한 어떤 종교든 흠 없이 완벽할 순 없지만 그 나름의 도덕적 진리를 가지고 있다고 보았어. 간디는 종교의 본질이 도덕이라는 확신을 갖게 되었고, 진리와 비폭력이라는 윤리적 원리를 찾아냈지. 특히 남을 해치지 않는 비폭력 운동은 인도 종교에서 내세우는 규율 가운데 하나로 간디가 속한 비슈나파 힌두교가 강조하는 점이야.

간디의 사상은 종교와 도덕적 신념에서 나왔다고 할 수 있어. 그에게는 도덕이 종교이고, 종교가 도덕인 셈이지. 그러니까 적과의 싸움에서 이기기 위해서 도덕적이어야 했던 거야.

진정한 적은 내 안에 있다

간디의 비폭력주의는 '폭력을 사용하지 않는다.'는 의미 말고도 다른 깊은 뜻이 담겨 있어. 비폭력을 통해 진리를 발견할 수 있다고 보았지. 여기에는 사랑·동정·자비·관용·봉사·자기 희생이라는 적극적인 의미와 비폭력·불살생*과 같은 소극적인 의미도 들어 있어. **비폭력의 진정한 의미는 악을 행하는 자에게도 선으로 베풀라는 것이야.** 이를 설명해 줄 만한 일화가 있어.

어느 초등학교의 선생님 이야기야. 그 선생님이 맡고 있는 반에 민수라는 말썽꾸러기 학생이 있었어. 수업 시간에 장난치고, 반 친구들을 괴롭히기 일쑤였지. 선생님께 대들 때도 있었어. 민수의 부모님도 이런 사실을 알고 있었어. 그래서 민수를 때려도 보고, 달래도 봤지만 민수의 태도는 고쳐지지 않았어.

어느 날, 민수의 부모님이 선생님을 찾아왔어.

"선생님, 때려서라도 우리 민수 버릇 좀 고쳐 주세요."

"제가 회초리로 때리면 민수의 반항심만 거세질 겁니다. 설령, 뉘우치는 것처럼 보여도 눈치를 보며 이전의 잘못을 계속하겠지요. 또 회초리를 자주 사용하다 보면 제 마음속에도 폭력의 습관이 생기고, 그렇게 되면 사실상 제가 민수에게 지는 겁니다."

선생님은 민수가 잘못을 계속 저질러도 결코 매를 들지 않았어. 대신 더 다정하게 다가가 민수의 잘못된 행동의 원인을 찾아 해결하려고 했어.

***불살생** 생명을 죽이지 말라는 뜻

위 이야기의 민수 부모님처럼 비록 민수의 버릇을 고치겠다는 교육적 의도라 할지라도 폭력적인 방법을 쓰는 것은 진정한 해결책이 될 수 없어. 이것이 바로 간디의 주장이야. 만약 누군가 폭력으로 적을 무너뜨리려 한다면 겉보기엔 승리한 것 같아도 사실은 싸움에서 진 거라는 거야. 왜냐하면 폭력을 사용함으로써 정신적 성장은 멈추고 진리 추구는 더 어려워지기 때문이지.

사실, 우리가 생각하는 적의 개념은 악한 세력들의 단순한 도구에 불과해. 진정한 적은 그 자신을 포함한 모든 사람들의 마음에 많든 적든 깃들어 있는 폭력의 경향이나 습성이야. 그래서 사람들이 외부의 적이라고 착각하는 것도 실은 자신 안에 진정한 적이 있다는 것을 잊고 있다는 거야.

그런데 우리 인간의 마음속에 있는 적 가운데 소유욕이라는 게 있어. 소유욕은 인간을 이기적으로 만들어. 다시 말해 소유욕이 인간은 하나라는 위대한 진리를 잃게 한다는 것이지.

그래서 간디는 무소유를 주장했어. 자기가 가진 재산이나 물건을 이기적으로 사용하는 것을 도둑질로 보았지. 무소유란 아무것도 가지지 말라는 뜻이 아니라, 자

간디는 인간의 마음속에는 소유욕이란 적이 있다고 했어. 이 말은 결국 소유욕은 인간을 이기적으로 만든다는 거야.

기의 재산을 이기적으로 사용하지 말라는 뜻이야.

더 나아가 도둑질이란 자기 손으로 노동을 하지 않고 남이 노동한 대가를 누리는 것을 말해. 노동하지 않고 놀고먹는 것도 도둑질이라는 거야. 간디가 콜카타에서 구식 물레를 돌려 실을 만들었던 것도 이러한 사상 때문이었어.

간디의 사상이 위대한 점은 투쟁의 대상이 외부의 적만이 아니라 우리 자신에 있다고 한 점이야. 이것이야말로 모든 인류에게 공감을 살 만한 사상이라 할 수 있지.

간디랑 쑥덕쑥덕

친구가 자꾸 괴롭히는데 그냥 참고 있어야 하나요?

참기만 한다면 내 자신만이 아니라, 그 친구에게도 결코 도움이 되지 않아요. 비폭력이란 문제의 해결을 위해 폭력적 수단을 사용하지 말라는 것이지, 아무 저항도 하지 말고 당하라는 뜻은 아니에요. 비폭력보다 더 적극적인 사랑이나 관용 등의 태도가 중요해요. 대신 친구가 괴롭힌다고 해서 친구를 미워한다면, 내 자신에게 증오의 감정만 생겨 결국 내 맘속에 내부의 적이 생겨요. 그러니 이 경우 상대방을 적극적으로 사랑하는 방법을 찾아야 해요.

책 한 권 으로 마하트마 간디 읽기

《나의 진리 실험 이야기》

당신도 나의 진리 실험에 참여하기 바랍니다.
나에게 가능한 것이면
어린아이들에게도 가능하다는 확신이
날마다 당신의 마음속에 자라날 것입니다.

진리는 말이나 글로 전해질 수 없고, 오직 삶을 통해 전해질 수 있기 때문에 진리 실험에 참여하라는 말이에요. 간디는 도덕과 종교를 통해 진리를 찾고자 했어요. 그러니 도덕적인 성품을 향상시키는 것이 진리를 밝히는 방법이 되는 것이지요.

인도인들에게는 '위대한 혼'(마하트마)으로, 우리에게는 '비폭력 운동'으로 널리 알려져 있는 간디의 자서전이에요. 간디는 자신이 발행하던 주간지 '나바지반'에 '나의 진리 실험 이야기'를 연재했는데 그 글들을 엮은 것이 바로 이 책이랍니다.

간디는 이 책을 통해 자신의 삶과 마음가짐에 대해 더욱 상세히 설명하고 있어요. 그렇다고 자신의 삶을 자랑하거나 자신의 업적을 세상에 알리기 위해 자서전을 낸 것은 아니라고 했어요. 간디는 이 책에서 겁도 많고 소심했던 어린 시절의 모습, 남의 물건을 훔쳤던 경험담, 변호사가 되기 위해 영국에서 유학하던 시절에 차별 때문에 고생했던 경험, 가족이나 주변 사람들과의 갈등, 수많은 시행착오와 실수 등에 대해 솔직하게 이야기하고 있어요.

이 책을 읽으면 그동안 알고 있던 간디의 크고 위대한 업적만이 아닌, 정말 소박하고 인간적인 모습의 간디를 만날 수 있을 거예요.

마 인 드 맵 으로 한눈에 마하트마 간디 보기

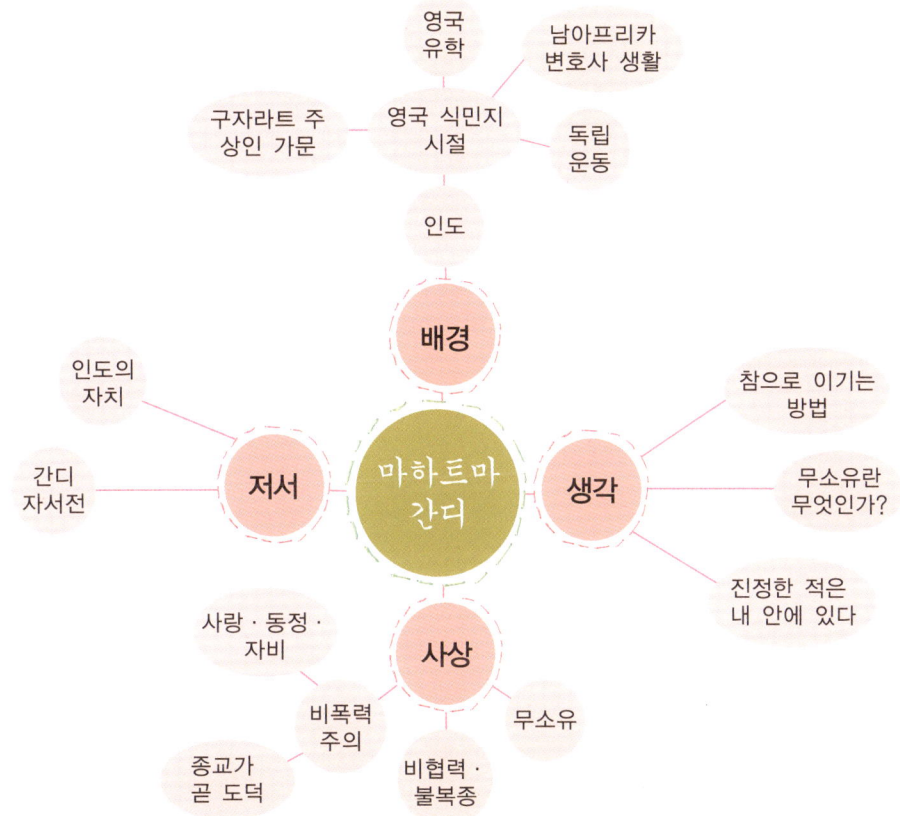

오늘날에도 의미 있다고 생각하는 간디의 사상은 무엇인가요?

    간디의 사상적 배경에는 종교와 도덕이 있어요. 간디에게는 도덕이 종교이고 종교가 도덕이에요. 독립 투쟁에서 활용한 사상으로 비폭력주의가 있지요. 비폭력이란 폭력을 쓰지 않는다는 의미도 있지만, 남에게 사랑과 동정과 자비를 베풀라는 뜻도 있어요. 간디는 우리 마음속에 있는 적들 가운데 소유욕이 있다고 했어요. 그 소유욕을 없애기 위해서 자기 재산을 이기적으로 사용하지 말라는 무소유를 주장하기도 했답니다.

18. 민족의 해방과 통일을 어떻게 이룰 것인가?

호치민 (Ho Chi Minh) : 1890년~1969년
베트남의 혁명가이자 정치가로, 인도차이나 공산당을 창설하여 베트남의 독립 운동을 이끌었다. 1945년 베트남 민주 공화국의 성립과 더불어 대통령에 취임하여 북베트남에서 사회주의 건설의 기초를 마련하였다.

1894년 베트남 중부 지역에 응엔 신 꿍이라는 소년이 살았어. 하루는 궁궐을 나온 왕의 행차를 보았지. 이 소년은 헐레벌떡 집으로 달려와 숨을 채 고르지도 못하고 어머니께 물었어.

"어머니, 왕이 다리를 다쳤어요?"

"그게 무슨 말이냐? 자세히 말해 보렴."

소년의 다급한 질문에 어머니는 되물었어. 그러자 소년이 대답했어.

"조금 전에 왕이 가마꾼들이 든 가마를 타고 가는 것을 보았거든요."

소년은 높은 사람이라고 해도 멀쩡한 다리가 있는데 다른 사람을 부려서 가마를 타는 것이 이해가 되지 않았던 거야.

이 소년이 훗날의 베트남 민주 공화국의 초대 주석(대통령)이자 혁명가이자 지도자인 호치민이야.

호치민 왈, "미국은 질 것이다, 아니 미국은 지고 있다."

베트남의 독립을 위해 싸우다

호치민은 베트남의 중부 응에안 성에서 청빈한 유학자의 아들로 태어났어. 아버지에게 유교 경전을 배우며 어린 시절을 보냈지. 호치민은 이름이 50개가 넘어. 호치민은 그의 수많은 가명 가운데 하나야. 베트남 독립을 위해 활동할 때 적들로부터 피해 다니기 위해 많은 가명이 필요했거든.

당시 베트남은 프랑스의 식민지였어. 청년이 된 호치민은 식민지 정책에 반대하는 시위를 벌이다 다니던 학교에서 퇴학을 당하고, 몰래 프랑스 선박의 주방장 보조가 되어 베트남을 떠났어. 그리고는 세계 여러 곳을 누비며 다녔어. 프랑스에서 정원사로, 미국에서 노동자와 하인으로, 영국에서는 청소부와 보일러공 및 요리사 보조로, 다시 프랑스로 돌아와 사진 수정사로 일했어.

그러면서 프랑스 사회당과 공산당에 가입해서 베트남 독립과 혁명을 위해 활동했지. 약 30년 동안 해외를 떠돌며 감옥에 갇혔다가 풀려나길 반복하면서 국제 공산주의 조직에서 베트남 독립을 위한 활동을 펼쳐 나갔어.

베트남 지폐에 새겨진 호치민

제2차 세계 대전 때는 일본이 베트남을 지배했는데, 1945년 8월 일본이 전쟁에서 지자 호치민을 의장으로 하는 민족 해방 위원회가 결성되었어. 1945년 9월 2일, 호치민은 베트남 민주 공화국의 독립을 선언했고 정부 주석으로 취임했지.

하지만 기쁨도 잠시, 연합군이 베트남을 다시 프랑스에 넘겨 주었어. 그러자 호치민은 프랑스에 대한 항전을 직접 지휘하여 전쟁을 승리로 이끌면서 독립을 지켜 냈지.

그러나 미국을 비롯한 서방 국가들은 구소련과 중국의 영향으로 베트남이 공산화 되는 것을 우려했어. 제네바 회담에서 베트남을 북위 17도 선을 경계로 남과 북으로 갈라놓았어. 호치민은 이런 조국의 독립과 통일을 위해 북베트남을 근거지로 삼아 미국을 상대로 전쟁을 치렀어. 이것이 바로 베트남 전쟁이야.

호치민은 베트남 전쟁을 치르던 가운데 1969년 9월 2일 심장병으로 사망해. 호치민이 죽은 뒤에도 베트남 전쟁은 지속되었고, 결국 미국이 물러나면서 통일을 이루었어.

왜 공산주의자가 되었을까?

호치민이 독립 운동에 힘쓴 민족주의자이면서 동시에 공산주의자로 활동한 데는 여러 가지 배경이 있어. 베트남은 19세기 말, 프랑스의 식민지가 되었어. 제2차 세계 대전 때는 일본의 식민지가 되었다가 다시 프랑스의 식민지로, 독립하자마자 미국과 전쟁을 치러야 했지.

특히 식민지 종주국인 프랑스는 자국의 자본가를 끌어들여 제조업체·광산·고무 농장 등을 독차지하고, 베트남 노동자들에게 가혹하게 일을 시켰지. 그래서 병에 걸리거나 죽은 노동자들이 많았어.

게다가 프랑스는 엄청난 식민지 예산을 충당하기 위해 소금·술 등을 개인이 제조하는 것을 금지시키고, 그 물품에 세금을 덧붙여 비싼 값에 팔아 농민을 더욱 가난하게 만들었어. 특히 술은 베트남의 가정에서 제사를 지내기 위해 수백 년 동안 빚어 온 것인데, 그것을 금지하는 바람에 베트남 사람들은 값비싼 프랑스산 포도주를 살 수밖에 없었어.

또 식민 정부의 교육 정책은 베트남인들의 문맹률을 높였어. 프랑스식 학교를 세우면서 학생들을 가르치는 교사와 학교가 부족했기 때문이야.

이런 현실에서 호치민이 겪은 자본주의란 제국주의와 그 앞잡이들이 식민지 국민들을 착취하는 제도일 뿐이었어.

또 하나 호치민이 사회주의자가 된 이유는 어려서부터 아버지에게 배운 유교의 영향이었어. 유교적 입장에서 볼 때 서양의 자본주의는 탐욕과 욕망의 덩어리에 불과해. 반면 사회주의는 부와 기회의 평등이 강조된 사상이지. 그러니 호치민이 사회주의자가 된 것은 자연스러운 일이었어. 유교의 가르침 가운데 '충'이 있는데 이것은 지식인들이 나라가 위태로울 때 어떻게 해야 하는지에 대해 알려 주고 있어.

당시 식민주의 국가는 모두 자본주의 국가의 지배를 받았고, 1917년 러시아 혁명의 성공으로 사회주의 국가가 탄생하여 막 시험대에 오를 때였으므로 그때까지만 해도 사회주의의 문제점이 발생하지 않았지. 그래서 호치민은 사회주의를 선호하고 민족주의자가 된 거야.

열심히 일을 해도 항상 가난한 노동자들

사회주의를 흔히 공산주의라고 불러. 원래 마르크스나 엥겔스는 자본주의의 폐단*, 곧 자본가가 노동자를 착취하는 유럽의 초기 자본주의의 문제를 보고 공산주의 이론을 만들었어. 그 이론에 어울리는 이야기가 있으니 들어 보렴.

> 토머스는 염색 공장에 다녀. 옷감에 색을 물들이는 공장이지. 공장의 종업원이 100명 정도 되는데, 새벽에 나와서 밤늦게까지 하루 12시간 이상 일해도 한 달에 고작 100달러 남짓 월급을 받아.
>
> 그런데 공장의 노동자들이 이렇게 열심히 일해서 생기는 공장의 수입은 한 달에 30

***폐단** 어떤 일이나 행동에서 나타나는 옳지 못한 경향이나 해로운 현상

만 달러 정도야. 공장의 모든 노동자들의 월급을 전부 합쳐야 고작 1만 달러이니까, 사장이 나머지 29만 달러를 챙겨 가는 거야. 물론 그 돈 가운데 사장은 매달 공장 임대료 1만 달러, 원료비 5만 달러, 세금 1만 5천 달러를 지불해. 그것을 제한다 해도 21만 5천 달러나 남지.

공장에서 벌어들인 돈은 사실 종업원들이 노동을 한 대가야. 그런데도 사장이 너무 많은 수입을 챙기기 때문에 공장의 노동자들은 항상 가난에서 헤어나지 못하는 것이지.

마르크스가 주장하는 자본가의 착취는 어떤 상품을 만들기 위해 노동자가 들인 노력보다는 돈(자본)을 투자한 자본가가 부당하게 너무 많은 이익을 가져간다는 점이야. 노동자들이 일해서 받아야 할 정당한 대가를 자본가들에게 부당하게 빼앗긴다고 보는 것이지.

그런데 마르크스는 역사가 발전하면서 끝에 가서는 자본가가 몰락하고, 노동자의 왕국인 사회주의가 온다고 했어. 그리고 그 세상을 앞당기기 위해서 노동자들이 단결하여 혁명을 일으켜 자본가를 몰아내야 한다고 주장했지.

더 나아가 마르크스 이후의 공산주의자들은 혁명을 이끄는 일은 공산당이 해야 하고, 공산당의 지도로 생산 수단인 공장이나 토지를 몰수하여 국가의 소유로 만들어야 한다고 말했지. 그래서 지주와 자본가 계급을 타도하는 계급 혁명을 해야 한다고 했어.

그러나 호치민이 이러한 공산주의 혁명 사상을 모두 찬성하고 따랐던 것은 아니야. 공산주의 혁명을 조국의 독립을 위해 집중시켰던 것이지.

만인이 평등한 계급 없는 사회를 만들자!

세계의 영웅으로 떠오르다

1945년 9월 2일 호치민이 베트남 민주 공화국을 세우고 독립을 기념하는 날이었어. 호치민은 누군가가 빌려 준 황갈색 양복을 입고, 하얀 고무 샌들을 신었어.

기념식은 오후 2시에 시작되는데, 호치민은 인산인해로 모인 군중 때문에 예정보다 약간 늦었어. 미국산 자동차를 타고 식장에 도착한 호치민은 연단에 올랐어.

"모든 인간은 평등하게 창조되었다. 그들은 창조주로부터 양도할 수 없는 권리를 부여받았다. 생존·자유·행복의 추구 등이 그러한 권리이다."

아마 미국인들이 그 자리에 있었으면 기절했을 거야. 연설의 첫머리는 미국의 독립 선언서였거든. 과격한 공산주의라면 결코 이것을 인용하지도 않았을 거야.

1930년대에 호치민은 이미 지주와 자본가에 대해서는 중립을 취하고 있었어. 또한 중간층과 가난한 농민과 동맹한다는 원칙을 고수하면서도 공산주의 지침을 따르지 않기도 했어.

그래서 정권을 잡고서도 지주와 자본가를 처형하거나 그들의 재산을 몰수하지 않고, 산업이나 상업의 소유권을 국가가 갖지도 않았지. 단지 프랑스 식민주의자들과 베트남인 배반자들의 토지만 박탈했어. 그런 온건한 태도 때문에 독립 투쟁 중에 동지들로부터 여러 차례 배신자라는 비난도 받았어. 그러나 그게 호치민의 큰 힘이고 투쟁의 무기였지.

이렇게 공산주의에 대해 일정한 거리를 유지한 호치민의 태도와 사상은 베트남 민족의 마음을 하나로 묶어 통일을 이루는 데 크게 기여했어. **지도자가 편 가르**

베트남 하노이에 있는 호치민의 묘

기를 하지 않고, 민족 내부에서 적을 만들지 않았기 때문이지. 호치민은 전 세계 민중들로부터 온건한 공산주의자 또는 민족주의자 때로는 인도적 혁명가의 모습으로 각인되어 있어. 특히 1965년경 서구 젊은이들의 우상으로, 미국 반전 운동의 영웅으로, 민족주의적 공산주의자로 평가받았어. 심지어 적국 프랑스 협상 대표인 장 생트니도 호치민을 '인도차이나의 간디'라고 말할 정도였어.

호치민이 이렇게 한 데는 현실을 냉정하게 바라보는 자신만의 철학이 있었기에 가능했어. 호치민은 누구보다 확실한 현실주의자였어. 감정이나 원칙만 앞세워 이기지 못하는 싸움은 섣불리 시작하지도 않았지.

통일 전쟁이 한창이던 1969년 호치민이 한 말은 이를 잘 증명하고 있어.

"미국은 질 것이다. 아니 미국은 지고 있다."

호치민이랑 쑥덕쑥덕

사회주의는 모두가 평등하게 잘 사는 거라면서 오늘날 사회주의 국가는 왜 못사나요?

평등하게 잘 산다는 게 어떤 것인지 중요해요. 요즘 잘 사는 나라에서는 경쟁적으로 물건을 많이 만들고 수출해 돈을 벌어요. 물질적으로만 본다면 비록 빈부의 격차 때문에 평등하지 못해도, 그럭저럭 잘 산다고 할 수도 있겠네요. 사회주의가 잘 살지 못했던 것은 겉으로는 평등을 내세웠지만, 관료들이 국가 권력을 독점하여 변화하는 시대에 적응하지 못했기 때문이에요. 더구나 개인 기업을 허용하지 않았기 때문에, 국제 간 무역 경쟁에서 뒤떨어질 수밖에 없었고요. 하지만 앞으로 빈부의 격차가 더욱 심해지면 사회주의적 평등의 주장은 또 나올 거예요.

책 한 권 으로 호치민 읽기

《옥중 일기》

엄동설한의 초라함이 없다면,
따스한 봄날의 찬란함도 결코 없으리.
불운은 나를 단련시키고,
내 마음을 더욱 굳세게 한다.

호치민이 베트남의 독립과 혁명을 위해 살아오면서 체험한 것을 바탕으로 한 말이에요. 어떠한 어려움이 있어도 좌절하지 않고 꿋꿋하게 목표를 향해 전진한 모습이 드러나요.

베트남의 독립을 위해 싸웠던 호치민은 두 번에 걸쳐 감옥 생활을 했어요. 1931년 6월 홍콩에서 영국 경찰에 체포되어 1932년 12월까지 감옥에 있었고, 또 1942년 8월 중국 경찰에 간첩죄로 체포되었다가 1943년 9월에 풀려났어요.

《옥중 일기》는 두 번째 감옥 생활 중 중국 광시 성의 18개 감옥을 옮겨 다니면서 겪었던 옥중 생활과 그 안에서 느꼈던 감상 등을 시로 기록한 책이에요.

《옥중 일기》에 수록된 총 134편의 한시는 124편의 7언 절구, 8편의 5언 절구, 동일 제목 하에 5언 절구, 7언 절구가 혼합되어 있는 시 1편, 그리고 제목은 있으나 내용이 없는 1편의 시로 구성되어 있어요.

이 책은 베트남 사람이 쓴 한시라는 문학 작품으로 커다란 의미가 있을 뿐만 아니라, 베트남의 독립 투쟁사에 있어서 매우 중요한 역사적 자료로 평가받고 있어요.

《옥중 일기》 작품 속의 시 하나하나에 배어 있는 호치민의 애국 정신은 모든 베트남 국민들에게 본보기가 되고 있어요.

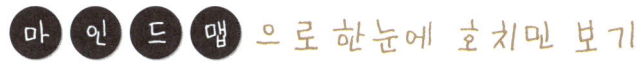 으로 한눈에 호치민 보기

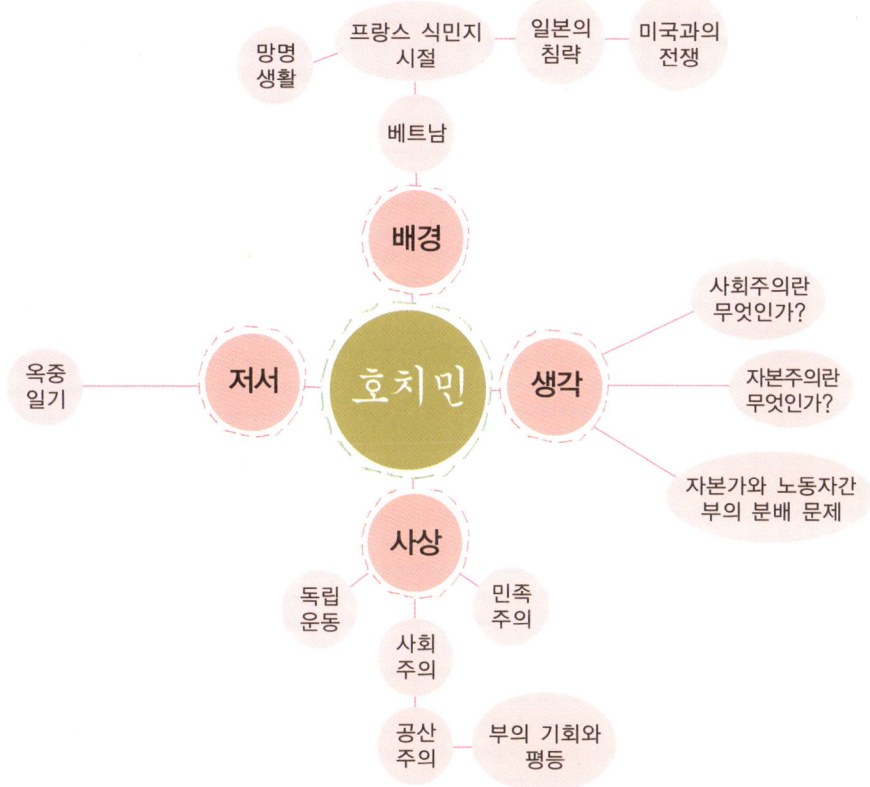

호치민의 사상의 핵심은 뭔가요?

　호치민은 공산주의 또는 사회주의 혁명가이자 독립 운동가이자 정치가이며 사상가예요. 공산주의는 원래 개인의 생산 수단인 사유 재산을 인정하지 않지만 혁명에 성공한 호치민은 모든 재산을 몰수하지 않았어요. 이 때문에 같은 공산주의자들로부터 배신자라는 비난도 받았어요. 호치민은 공산주의 혁명 못지않게 조국의 독립에 헌신했어요. 그래서 그를 민족주의자라 부르기도 해요. 그러므로 호치민의 사상에는 공산주의와 민족주의가 섞여 있어요. 이것이 베트남을 통일할 수 있었던 밑받침이 되었던 것이지요.

글쓴이의 말

철학이란 무엇일까요?

　우리는 살아가면서 해결해야 할 수많은 문제들을 만나요. 그리고 그 문제에 대해서 질문을 하지요. 때로는 질문의 답을 찾기 위해 평생을 바치는 사람들도 있어요. 그중에는 질서정연한 이론을 세운 사람들도 있고, 이론을 실천에 옮기면서 치열하게 살아간 인물들도 있어요. 바로 여러분들이 이 책에서 만날 18명의 동양 철학자들이에요.

　철학은 인간의 삶에 대한 근본적인 물음과 답변이라고 말할 수 있어요. 이 책에 수록된 동양의 철학자들은 자신에게 주어진 삶을 피하지 않고, 인간과 사회와 자연에 대하여 열심히 질문하고 답을 구한 사람들이에요. 따라서 이 철학자들을 통해서 여러분들이 꼭 알아야 할 것은 철학이 삶과 동떨어진 이야기가 아니라, 시대의 문제를 해결하고자 사색하고 몸으로 부닥쳐 세운 논리라는 점이에요.

　그런데 왜 하필 동양 철학자일까요? 그들은 우리의 전통과 삶의 뿌리를 있게 한 주인공들이기 때문이에요.

　사실 우리 동양의 역사에서 알려진 철학자는 너무나 많아요. 아마도 여러분들이 듣지도 보지도 못한 철학자들도 있을 거예요. 하지만 그 많은 철학자들을 다 다룰 수는 없어서, 그 가운데 18명을 골랐어요. 그렇게 고른 기준은 다음과 같아요.

　먼저 역사적으로 큰 영향을 준 철학자들을 골랐어요. 이들은 여러분들이 중학생이 되기 전에 꼭 알아야 할 철학자들이에요. 중학교에 가서 초등학교와 달라진 교육 환경에 놀라지 않으려면, 우리 문화의 토대가 되면서도 쉽게 접하기 어려운 철학자를 꼭 알아야 해요.

다음으로 우리나라 철학자를 중심으로 뽑았어요. 당연한 말이지만 한국인인 여러분들이 독자이기 때문이며, 우리 민족의 삶과 관계된 사람이어야 하기 때문이에요. 그런 뜻에서 중국을 비롯한 일본·인도·베트남의 철학자나 사상가 가운데서도 우리 역사에 영향을 준 인물이거나 깊은 관계를 가진 사람을 선정했어요.

그리고 이 책은 철학자들의 생각을 시대순으로 정리한 것에 큰 장점이 있어요. 철학자의 사상은 하늘에서 뚝 떨어진 것이 아니라, 이전 철학자의 생각을 이어받거나 비판하면서 나오기 때문이에요. 따라서 앞선 철학자들의 이론이 뒤에 등장하는 철학자에게 어떤 영향을 주었는지 살피는 것이 매우 중요해요.

이 책에서는 철학자의 일화를 곁들였어요. 자칫 딱딱해지기 쉬운 철학을 쉽게 안내하기 위해서예요. 그러나 일화가 모든 생각을 다 대표할 수 없으므로, 기회가 있다면 철학자 한 명 한 명의 생각을 자세히 알아보는 것도 유익할 거예요. 또 여기에 등장하지 않은 우리나라 철학자들이 더 많이 있다는 점도 잊지 않았으면 좋겠어요.

아무쪼록 이 책을 통하여 생각이 깊어지고, 여러분들의 앞날이 지혜가 가득한 행복한 나날이 되기를 빌어요.

이종란

동양 철학사 인물 연표

617년
신라,
원효
태어남

668년
신라,
삼국 통일

918년
고려 건국

1158년
지눌
태어남

1170년
무신의 난

1392년
조선 건국

1489년
서경덕
태어남

1501년
이황·조식
태어남

1545년
을사사화

1592년
임진왜란

1130년
중국 남송,
주희 태어남

1472년
중국 명나라,
왕수인 태어남

1762년
정약용 태어남

1890년
베트남,
호치민
태어남

1869년
인도,
마하트마 간디
태어남

1835년
일본,
후쿠자와 유키치
태어남

1803년
최한기 태어남

1824년
최제우 태어남

1895년
을미의병·
갑오개혁

1894년
동학 농민 운동

1884년
갑신정변

1871년
신미양요

1860년
최제우,
동학 창시

1846년
곽종석 태어남

〈사진 자료 제공 및 출처〉
국립중앙박물관 60p 달마도
간송미술관 25p 노자출관도
프리 포토 75p 주희 동상

이 책의 사진들은 해당 사진을 소장하고 있는 곳과 저작권자의 허락을 받아 실었습니다. 누락되거나 착오가 있는 부분은 다음 쇄를 찍을 때 수정하겠습니다.